FANがつくるやまびこ幼稚園

山の麓の幼稚園が教えてくれる、ファンが集まる「こだわり経営」

〈はじめに〉

私が福岡県のやまびこ幼稚園をはじめて訪れたのは、２０１４年のまだ夏の暑さが残る秋の初旬でした。博多駅から電車に乗って30分でＪＲ古賀駅に、そこからタクシーに乗って約20分、タクシーを降りた瞬間私は愕然としました……

幼稚園の周りに何もなかったからです。正確には民家が数軒あり、後は山と田んぼしか見えなかったのです。

「ここに園児は来るのか……」

これが最初の正直な感想です。しかし園児は集まっているという……なぜ集まってくるのか？不思議で仕方なかったのを覚えています。

経営コンサルタントとして、やまびこ幼稚園に俄然興味が涌いた私は、幼稚園の周りに子どもはいない、また駅から遠く交通の便が悪い。そんな立地にある やまびこ幼稚園に、なぜ園児がこんなに集まってくるのかを研究することにしたのです。

日本全国で1年間に生まれてくる赤ちゃんの数（出生数）が減少しています。国の予測では2019年出生数は92万人でしたが、結果は86万人でした。その後も出生数は減少し、2020年84万人、2021年は81万人でした。81万人の出生数予測は2030年でしたから、少子化が約10年早まったことになります。2022年は新型コロナウイルス感染症の収束に応じて出生数が持ち直すことを期待していましたが、上半期出生数40万人を割るというニュースが入りました（この原稿は2022年9月に執筆しています）。

そもそも日本は少子高齢化で人口が減少しています。年々子どもを産む世代の人口が減少し、それに合わせて出生数も減少していきます。国の予測では、2056年に人口が1億人を割り、出生数が60万人となっています（国立社会保障・人口問題研究所の資料より）。今後、更に子どもの数が減少することは否めません。

また、女性の就労率が伸びています。1990年前半に共働き世帯の数が専業主婦世帯の数を上回ってから差が広がり続け、現在の共働き世帯は全体の70％を占めるまでになりました。今後は豊かな生活を実現しづらい社会となり（貧困化）、豊かな生活を維持するために共働きをする世帯が更に増えていくでしょう。

以前（昭和・平成）は、子どもが0~5歳のときは仕事を退職し、家庭に入る女性が多く、低年齢の子どもがいる女性の就労率は下がる傾向でした。しかし直近では、女性の年齢に関係なく就労率は高い状態になっています。子どもの年齢に関わらず80％の女性が働いているのが現状です。

出生数、合計特殊出生率の推移

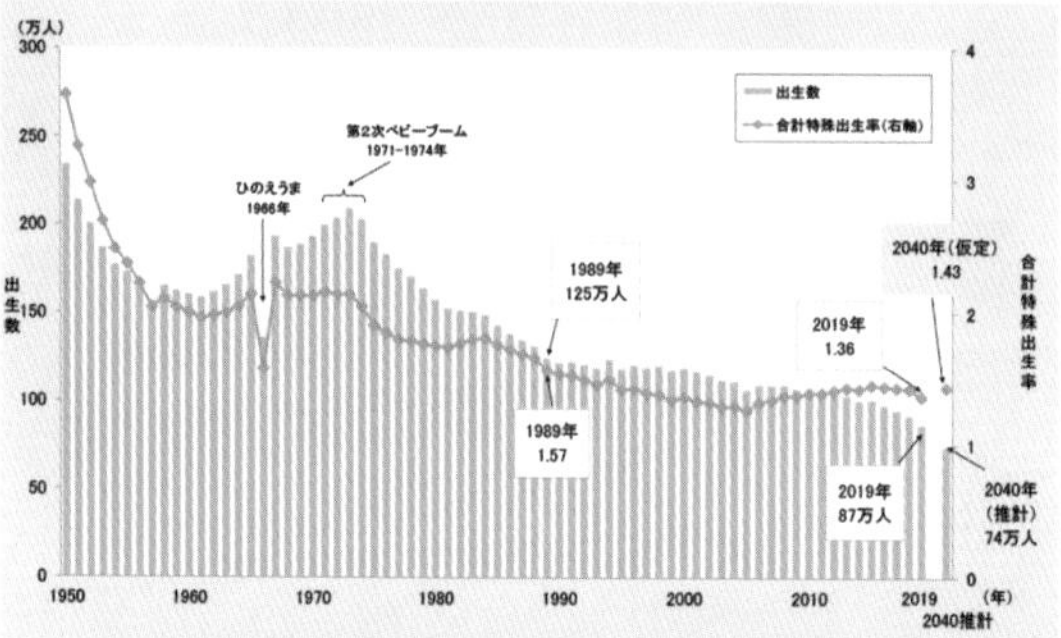

資料：2019年までは厚生労働省政策統括官付参事官付人口動態・保健社会統計室「人口動態統計」（2019年は概数）、2040年の出生数は国立社会保障・人口問題研究所「日本の将来推計人口（平成29年推計）」における出生中位・死亡中位仮定による推計値。

共働き等世帯数の年次推移

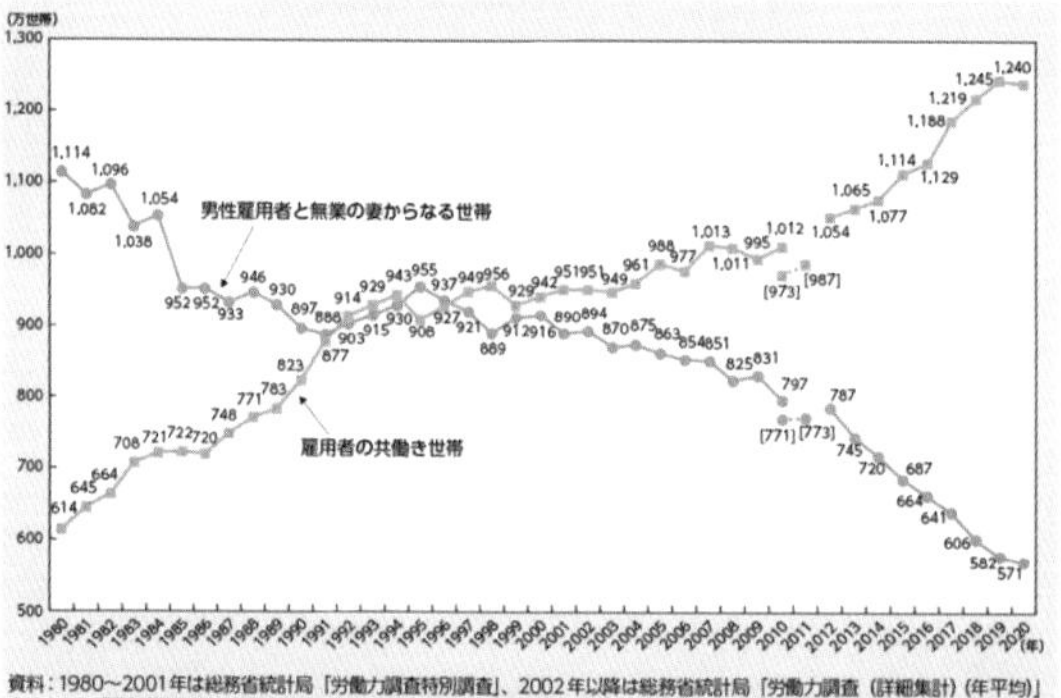

資料：1980～2001年は総務省統計局「労働力調査特別調査」、2002年以降は総務省統計局「労働力調査（詳細集計）（年平均）」
（注）1.「男性雇用者と無業の妻からなる世帯」とは、2017年までは、夫が非農林業雇用者で、妻が非就業者（非労働力人口及び完全失業者）の世帯。2018年以降は、就業状態の分類区分の変更に伴い、夫が非農林業雇用者で、妻が非就業者（非労働力人口及び失業者）の世帯。
2.「雇用者の共働き世帯」とは、夫婦ともに非農林業雇用者の世帯。
3. 2010年及び2011年の［ ］内の実数は、岩手県、宮城県及び福島県を除く全国の結果。
4.「労働力調査特別調査」と「労働力調査（詳細集計）」とでは、調査方法、調査月などが相違することから、時系列比較には注意を要する。

このような社会の変化に応じて、全国の園（幼稚園・保育園・認定こども園）は変化を余儀なくされています。女性の就労率の伸びに合わせて、保育園を中心に園数が増えました。２０１７年幼稚園・保育園・認定こども園の数は全国３７３００園でしたが、子ども子育て支援新制度が始まってから急激に増え、２０２０年には約５００００園になっています。大きく増えたのは小規模保育所と企業主導型保育所です（0~2歳児が通う小さい保育所がたくさん開設）。特に２０１６年に始まった企業主導型保育所は約４０００園と、短期間で大きく増えています。

共働き世帯が増え、保育園を中心に園数が増えたことで、1号認定園児（保育を必要としない子ども）が減少し、2号認定園児（保育を必要とする子ども）が増えてきました。

現在は幼稚園の1号満3歳入園（実質2歳児入園）も増えていますが、2号園児は1歳で入園を希望する場合が多く、早い段階で入園の主流は1歳に下がっていくでしょう（以前は3歳入園希望が多かった）。入園の低年齢化です。

1歳2歳で入園する子どもが増え、幼稚園の3年保育入園と未就園児教室の人数が減少しています。厚生労働省の資料から、1歳2歳児の保育園就園率は２０１９年で約48％です。半数の子どもが1歳2歳で既に入園しています（現在は更に増えているでしょう）。

※未就園児教室：まだどの園にも入園していない子どもが通う教室

2号と1歳2歳の園児が増えていますが、今後の出生数予測から考えると、1園あたりの総園児数は更に減少することになります（実際、保育園に入れない待機児童は大きく減少しています）。

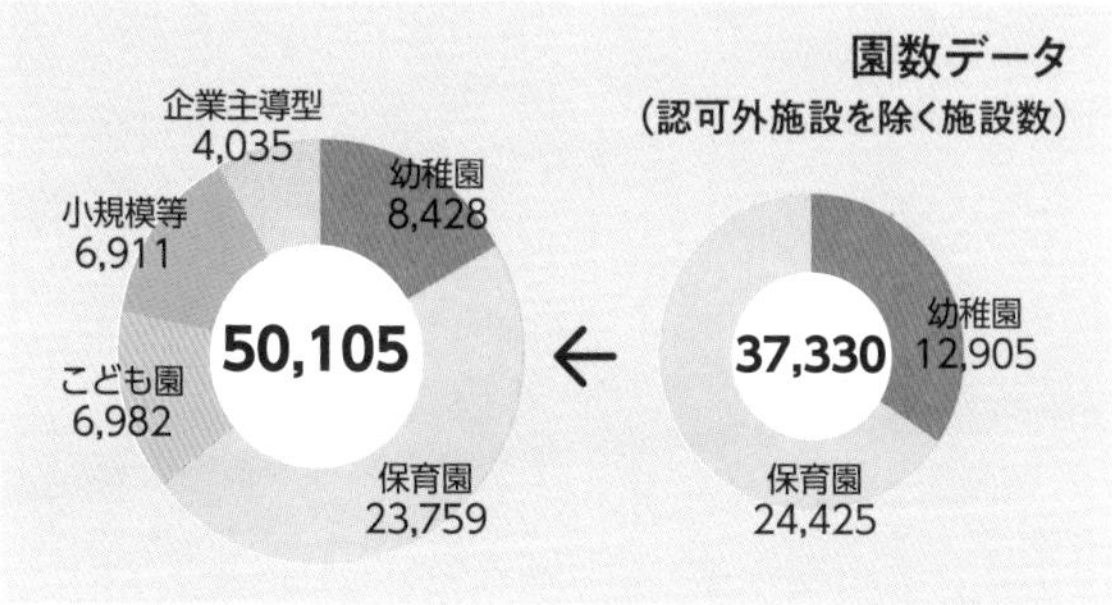

女性就業率（25～44歳）と保育所等の利用率の推移

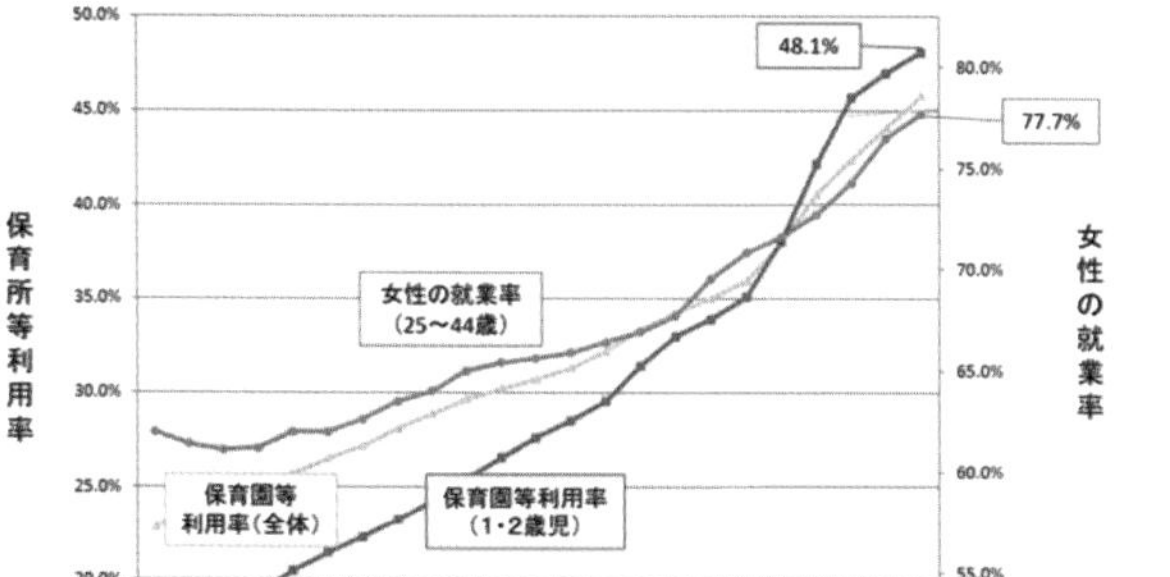

一方で、1園あたりの職員数（幼稚園教諭と保育士の数）は増加傾向です。2015年に始まった子ども子育て支援新制度で、職員の手厚い配置を求められていることと、0～2歳の園児を受け入れる園が全国で増えているためです（0～2歳児は、0歳児3人に1人、1歳児2歳児6人に1人の職員（保育士）が必要です）。

また、保育を必要とする子どもが増えて、午後夕方まで残る園児数が増えていることも必要人数を増やす要因になっています。しかし教員・保育士は不足しており、採用が難しい状況です。

新卒社会人も少子化で減少していること、園業界を就職先として希望する人が減少していること、3年経たずに早期退職をする教員・保育者が増えていることも採用難の要因です（採用できず人が足りないという理由で、園児の受入れを断るケースも増えています）。教員・保育士不足は園にとって深刻な問題です。

「園児数は減少して定員割れだけど、必要職員数を採用難で配置できない」

そのような園が全国で増えています。園業界は、とても苦しい状況に置かれています。しかし、やまびこ幼稚園は違います。

園業界の変化

2015年
こども子育て支援新制度開始
（幼稚園にも保育園と同じ補助の仕組みを導入）

↓

2016年
企業主導型保育事業の創設
（株式会社等の保育園設立が増えた）

↓

2017年
処遇改善Ⅱ（園の管理職手当補助）が開始

↓

2019年
幼児教育・保育無償化開始

↓

2020年
新子育て安心プラン閣議決定
25 ～ 44 歳女性の就労率 77.7％を 2025 年 82％へ
保育定員 14 万人増を計画

↓

2022年2月～
幼稚園教諭・保育士の給与アップ
（新規で処遇改善実施）

↓

2023年
こども家庭庁の創設

もちろん、やまびこ幼稚園も困難な状況に置かれていることは変わりません。変わらないのですが、さまざまな取組を実施することと、幼稚園の本質からぶれない経営をすることで困難を乗り越えています。

「いや乗り越えていませんよ」と薄秀治園長先生は言われますが、やまびこ幼稚園は困難な状況を乗り越えながら、ステキな園であり続けています。

やまびこ幼稚園を訪れ、薄園長先生の話を何度も聞き、やまびこ幼稚園の職員の皆さまからもたくさん教えて頂きました。やまびこ幼稚園と触れ合うたびに新しい発見があり、その発見は経営コンサルタントとしての知見を大きく広げてくれました。

また、時流に合わせてさまざまに変化していくやまびこ幼稚園のあり方は、私のコンサルティングの対応力を伸ばしてくれました（さまざまな場面・状況で、コンサルティングの成果を出すことができるようになりました）。

やまびこ幼稚園の経営を見てわかったのは、やまびこ幼稚園にはぶれないこだわりがあるということです。厳しい環境・状況の中でもあきらめずに追求していく『こだわり経営』が、やまびこ幼稚園のファンを育て、園児を集めています。

子どもの成長へのこだわり、教育環境と内容へのこだわり、保護者との関係へのこだわり、働く人（職員）へのこだわりが、やまびこ幼稚園に通う子どもたちの成長と家族の幸せを実現し、家族の幸せが地域に広がって行くことで「やまびこ幼稚園に行きたい」という思いがたくさん生まれています。

ファンが集まる経営を実現する「やまびこ幼稚園のこだわり経営」を、この本では紹介しています。幼稚園経営の話ではありますが、一般企業の経営や、各ご家庭での子育て、そして一人ひとりの幸せな人生を実現するヒントにもして頂けるのではないかと思います。

学園経営コンサルタント　石田敦志

学校法人 すすき学園
やまびこ幼稚園

目次

FANがつくる やまびこ幼稚園

山の麓の幼稚園が教えてくれる、ファンが集まる「こだわり経営」

第1章　理念実現へのこだわり
～保護者の真のニーズに応える幼稚園

やまびこ幼稚園は山の麓にあります。まわりは田んぼしかありません。そして、やまびこ幼稚園の近隣には、子どもがほとんどいません。子どもたちが住んでいるのは、やまびこ幼稚園から離れた駅近くになります。その地域には他の幼稚園・保育園がたくさんあります。わざわざやまびこ幼稚園を選ばなくても、便よく通える園が他にたくさんあるわけです。

やまびこ幼稚園の園児の保護者は敢えてやまびこ幼稚園を選び、我が子を「わざわざ通わせている」ことになります。なぜ やまびこ幼稚園を選ぶのでしょうか？

〈やまびこ幼稚園の園児数推移〉

各年4月1日現在の園児数を集計したものになります。

〇2003年開園　認可定員105名　園児数86名
〇2008年　認可定員200名　園児数239名
〇2012年　認可定員285名　園児数318名
〇2014年　認可定員330名　園児数335名
〇2016年　認可定員380名　園児数388名
〇2018年　認可定員380名　園児数427名
〇2022年　認可定員380名　園児数417名

園児数は開園以来増え続けてきました。ログハウス型の園舎新設、満2歳児預かり保育「たけのこぐみ」の開設、本館園舎増築、保護者の声を反映した園パンフレット制作、職員の働き方改革・処遇改善、新ホームページ作成、SNS開始など、さまざまな取組で園児数が増えてきました。しかし、園児が増えてきた本質の要因は、やまびこ幼稚園が「保護者の真のニーズ」に応えてきたからです。

Instagramはこちら！

YAMABIKO2003

平成25年度

4月
- そらぐみ4クラスになる
- 「るんるん号」運行スタート
- バス6台運行

8月
職員旅行「大分」

12月
- 社会福祉法人未来福祉会認可
  薄 秀治 理事長就任

平成26年度

4月
- 定員330名認可
- 薄 真理子 副園長就任
- 花見あおぞら保育園開園

8月
- たけのこぐみ新園舎完成

12月
- 新宮あおぞら保育園開園

平成27年度

4月
- 第1回学校法人すすき学園経営方針発表会inルイガンズ

7月
- 事務室改装工事

8月
- 職員旅行「山口」

10月
- ソフトボールチーム オヤジーズ 結成

11月
- 発達支援施設
  はじめの一歩 開所
  連携施設としてスタート

平成28年度

4月
- 定員380名認可
- 恵保育所
  未来福祉会へ民間委譲
  恵あおぞら保育園 開園
- 上府あおぞら保育園開園
- 第1回姉妹園合同スポーツ大会

11月
- 4園（久留米あかつき・光明・白水学園・やまびこ）合同スポーツ大会in花鶴小学校

平成29年度

4月
- 「きらきら号」運行スタート
- バス7台運行
- 第2回姉妹園合同スポーツ大会

6月
- 森のぽかぽか保育園
  （小規模、企業）開園

7月
- 職員旅行「長崎」

9月
- 発達支援施設
  はじめの一歩
  福間事業所 開設

2月
- オヤジーズ3連覇
- PK蹴-1GP初参戦

平成30年度

4月
- ほしぐみ2クラスになる
- 名古屋セミナー（Eリソース）
  初講師　薄 秀治
- 第3回姉妹園合同スポーツ大会

8月
- たけのこぐみ園舎増築

令和元年度（平成31年度）

4月
- 花鶴丘幼稚園
  開園40周年
- 発達支援施設
  はじめの一歩
  古賀西事業所 開設

6月
- 日蒔野あおぞら保育園開園

11月
- 恵あおぞら保育園
  新園舎完成

令和2年度

4月
- 幼保連携型認定こども園
  恵あおぞらこども園 開園

6月
- 入園式を6月中旬に行う
  （コロナの影響により）

9月
- 運動会を2部制で行う
  （コロナの影響により）

12月
- おゆうぎ会4部制から6部制に変更して行う
  （コロナの影響により）

3月
- 森のぽかぽか保育園
  病児保育スタート

令和3年度

4月
- 幼保連携型認定こども園
  花見あおぞらこども園 開園
- うみのぽかぽか保育園 開園
- 理事長 薄 一秀 他界
- 新理事長 薄のぶ子 就任

9月
- Instagramスタート

10月
- 第19回運動会を幼稚園で開催
  （コロナの影響により）

令和4年度

4月
- 薄 秀治
  福岡部会会長就任
- アザレア幼児園
  未来福祉会へ民間委譲
  公私連携幼保連携型認定こども園
  アザレア幼児園 開園
- 就労支援施設
  CoCoCara 開設

やまびこ幼稚園 20周年のあゆみ

YAMABIKO KINDERGARTEN 20th ANNIVERSARY HISTORY

2003 平成15年度

4月
- やまびこ幼稚園86名で開園
- 薄 一秀 理事長、園長就任
- 薄 秀治 副園長就任
- 定員105名認可
- 年長そらぐみ1クラス
- 年中こだまぐみ2クラス
- 年少にじぐみ1クラス
（4年保育ほしぐみ含む）

5月
- 田植え体験スタート

6月
- 未就園児教室「ひよこくらぶ」スタート

9月

やまびこ給食スタート

3月

第1回卒園式
（在園児代表として年中こだまぐみ出席）

2004 平成16年度

4月
- 薄 のぶ子 園長就任
- そらぐみ2クラスになる
- にじぐみ（ほしぐみ含む）2クラスになる
- バス3台運行

8月
- 職員旅行「ヤフードームスーパーBOX野球観戦&シーホーク宿泊」

9月
- 第2回運動会、天候不良で4回延期

12月
- 新年少児定員増加の為ログ園舎増築開始

2月
- ログ園舎完成

2005 平成17年度

4月
- 古賀市 2学期制に変更
（前期4月～9月、後期10月～3月）
- にじ、ほしぐみログ園舎に移動
- ほしぐみ独立
- こだまぐみ3クラスになる

10月
- 「なかよし号」運行スタート

2006 平成18年度

4月
- そらぐみ3クラスになる

8月
- 職員旅行「平戸」
- 体育館横に仮設保育室設置
（後のたけのこぐみ）

2007 平成19年度

4月
- 薄 秀治 園長就任
- 卒園児のお母さん方で「トマトの会」結成
（誕生会での出し物、絵本のよみきかせなど）

1月
- 新年少児定員増加の為ログ園舎増築開始

3月
- ログ園舎完成

2008 平成20年度

4月
- 定員200名認可
- にじぐみ3クラスになる
- バス4台運行

8月
- 職員旅行「大分」

9月
- 第6回運動会 小野小学校グラウンドで初めて行う

10月
- 「にこにこ号」運行スタート

2月
- じゃがいもの種いも植えスタート

2009 平成21年度

4月
- 子育て支援の一環として未就園児クラス「たけのこぐみ」スタート
- 古賀を愛する農業集団「サンクス」さんとの提携

6月
- 園長ブログスタート
- じゃがいも収穫スタート

7月
- 収穫したじゃがいもをイオンで販売

12月
- 玉ねぎ植えスタート

2010 平成22年度

6月
- 玉ねぎ収穫スタート

7月
- ログ園舎園庭全面芝工事
- KBCラジオ出演（♪ぽてっと体操）
- 未就園児とその保護者を対象に子育てサロン「きらきらルーム（0歳～1歳）」スタート

8月
- 職員旅行「京都」

11月
- 先生ブログスタート

1月
- 新年少児定員増加の為ログ園舎増築

3月
- ログ園舎増築完成

2011 平成23年度

4月
- にじぐみ4クラスになる
- 「わくわく号」運行スタート
- バス5台運行

5月
- 未就園児とその保護者を対象に子育てサロン「にこにこルーム（1歳～2歳）」スタート
- 第1回「泥リンピック」開催

2012 平成24年度

4月
- 開園10周年
- 定員285名認可
- Yamabiko letter 発行開始
- こだまぐみ 4クラスになる

5月
- 年中定員増加の為本館園舎増築開始

8月
- 本館増築完成

「やまびこ幼稚園が応える保護者の真のニーズ」

日本は少子化です。10年ごとに約10万人のペースで出生数が減少してきました。私が生まれた1969年は約200万人、2000年は約100万人の赤ちゃんが生まれていますが、2021年に生まれた赤ちゃんは81万人でした。

少子化が進む一方で、働く女性が増えています。1990年代前半に共働き世帯数が専業主婦世帯数より多くなり逆転しました。2019年のデータを見ると、25~44歳の女性の就労率は80%近い数字になっています。女性の社会進出が進んで共働き世帯が増えた結果、保育が必要な子が増え、保育園に通う子どもが増えてきました。

共働き世帯が増えるのに合わせて、幼稚園も預かり保育を実施して夕方まで園児を預かり、女性の就労を支援する体制を整備してきました。預かり保育は年々長時間化し、夏休みなどの長期休みも実施するようになりました。他にもバスルートの拡大（運行範囲の拡大・家の前まで迎えに行くなど）や送迎のための駐車場整備、給食の実施や保護者会の負担軽減など、保護者のニーズに徹底して応えることで園児を集めてきました。

女性の年齢階級別労働力率の推移

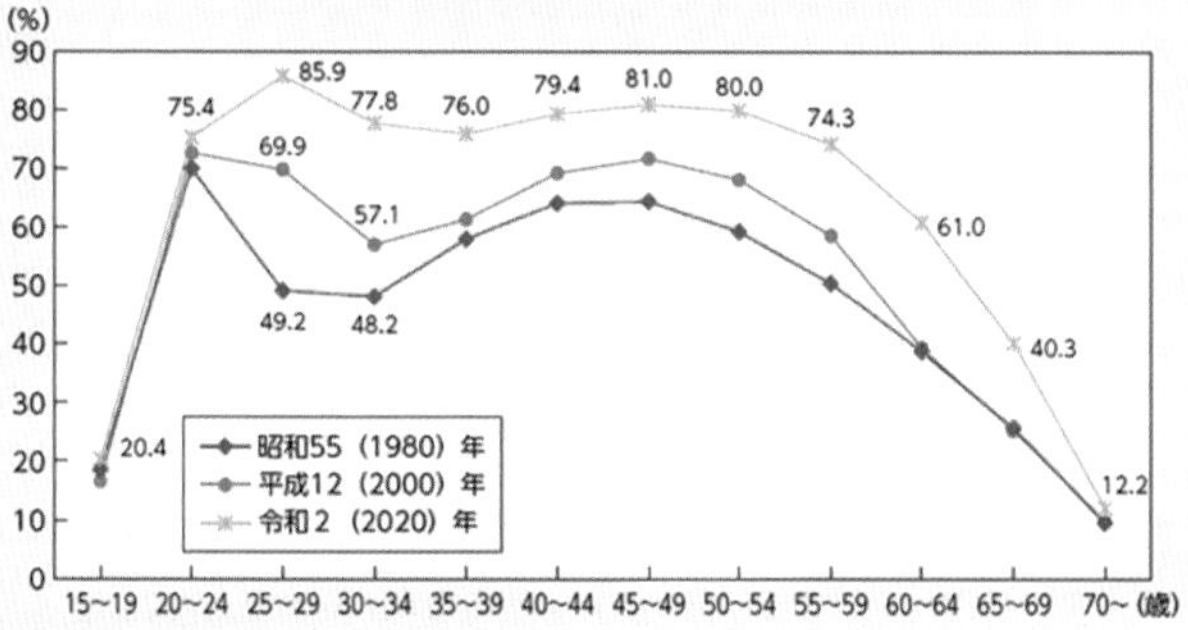

（備考）1．総務省「労働力調査（基本集計）」より作成。
2．労働力率は，「労働力人口（就業者＋完全失業者）」／「15歳以上人口」×100。

女性就業率（25~44歳）と保育所等の利用率の推移

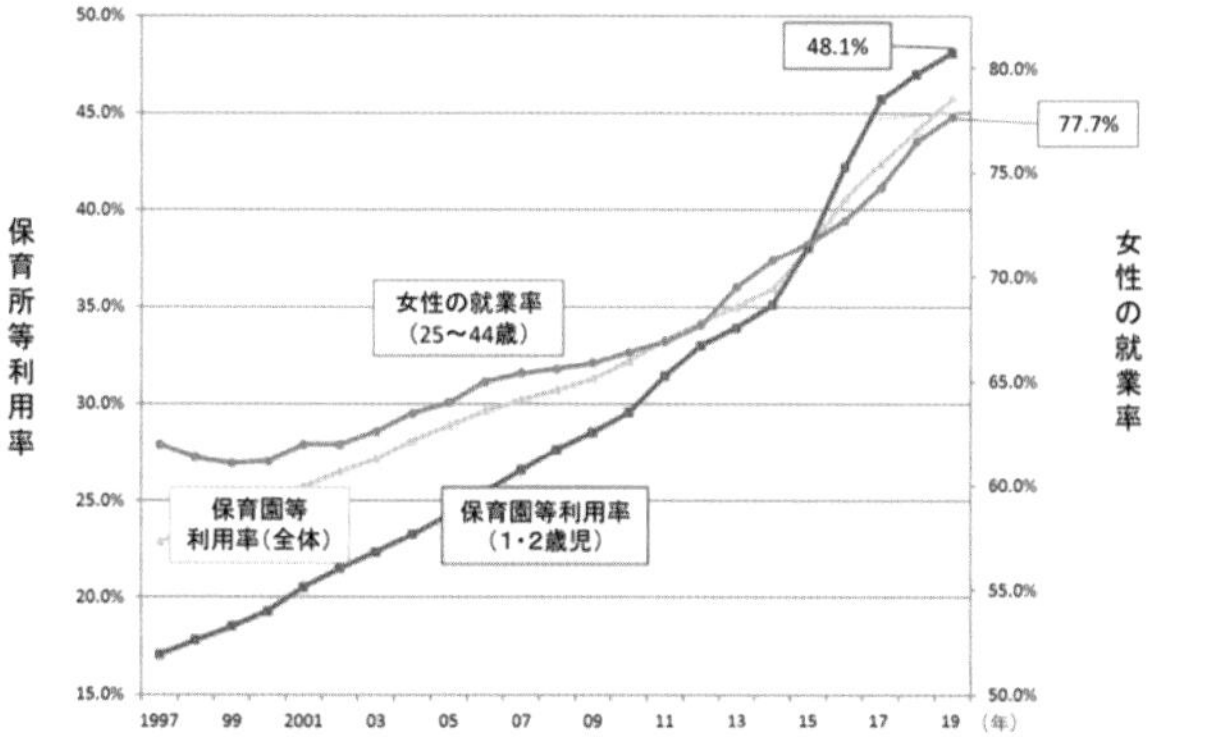

出典：総務省「労働力調査」等を基に厚生労働省保育課で作成

やまびこ幼稚園も、送迎体制（バス・駐車場）・預かり保育・自園調理給食など、共働き世帯の子どもも安心して通うことができる体制を整えています。

※幼稚園で自園調理給食を提供するのは、補助金もなく費用面などでかなり難しい

〈やまびこ幼稚園概要〉

・開園時間：7時半～18時半
・預かり保育：7時半～8時半／14時半～18時半／土曜日・長期休み預かり保育あり
・送迎バス：大型3台・中型4台で14コース運行
・駐車場完備：自家用車による送迎も可能
・自園調理給食：園内の給食室で調理　できたての温かい給食を週4日提供

共働き世帯の子どもも安心して通える登降園体制や、給食機能は保護者の「働いているから」というニーズに応えるためのものです。やまびこ幼稚園も保護者のニーズに応えて、安心して通える体制を整備しています。しかし、やまびこ幼稚園が応える保護者のニーズはそこに留まりません。

子育てをする保護者の真のニーズは「働くこと」ではないからです。

「あなたは何を幼稚園に求めますか?」

預かり保育を長くやってほしい、できるだけ近くまでバスで迎えに来てほしい・送ってほしい、給食を用意してほしい、きれいな園舎がいい、ベテランの先生を担任にしてほしい、保護者会の役員をやらなくていいことなど、さまざまな回答が返ってきます。

このような保護者のニーズを更に「なぜそう思いますか?」と深掘りして質問していくと、必ず辿り着く回答があります。

「我が子に幸せになってほしい」

これが保護者の真のニーズです。さまざまな言葉が出てきますが、すべて我が子に幸せになってほしいから出てきた言葉です。

特に最近は、新型コロナウイルスなどの感染症の拡大・戦争やテロ・環境破壊などの世界的不安、日本の少子高齢化・人口減による経済的不安など、さまざまな不安に囲まれています。そのため、「我が子の将来の幸せ」に不安を感じる保護者も多いでしょう。この不安をなくすために、教育への期待は大きいです。

やまびこ幼稚園に対する保護者の感想を読むと、やまびこ幼稚園が高いレベルで子どもたちの成長を実現していること、その成長の姿によって保護者が「この子は幸せになるだろう」という確信を抱いているのがわかります。やまびこ幼稚園は、子どもたちの今の幸せだけではなく、将来も幸せになるために必要な教育を考えて提供しています。

〈やまびこ幼稚園に対する保護者の感想〉

◯行事をひとつ終えるたびに、心の成長が感じられ、親としていつも嬉しく思っております。園長先生はじめ、先生方がいつも「子どもたちにとって1番良いのはなにか」という視点で考えて下さっていることがとてもありがたいです。

○毎日楽しいことばかりではなく、頑張らないといけないことや我慢しなければならないこともたくさんあります。けれど、先生方が子どもの気持ちを受け止めて、一緒に頑張って下さっているので安心感があります。

○豊かな自然に囲まれて、四季折々の活動体験ができます。子どもたちが日々当たり前のように自然に目を向けて、いろいろな気づきや学びをしていることが、やまびこ幼稚園を選んで良かったと思うひとつです。公園に行っても、歩いている道端でも「あっ見て！このお花きれい！」「幼稚園でつくしをたくさん見つけたよ！春が来ていた！」など、自分からいろいろな所に目を向け、季節の変化をとても嬉しそうに知らせてくれます。その姿を見ると、幼稚園の友だちや先生が、自然の変化を気づかせているのだとほっこりします。

○毎日笑顔で園に通い、友だちとの関わりも日々の活動も楽しんでいます。園が楽しいので、家でも落ち着いて過ごすことができて本当に感謝です。「良いことは良い！悪いことは悪い！」と毅然とした態度で接して下さる先生が、娘にとってはヒーローのような存在らしいです。

〇最初はママといたいと泣きながらバス停に行っていましたが、3日も行けば「先生に会いたいから行く!」と笑顔で行ってくれるようになりました。何でも「ママがして」と言う子でしたが、幼稚園に行きだしてから自分でできると何でも挑戦してくれるようになりました。本当に明るく元気な先生方に、こちらも元気をもらっています。

〇4月から入園して初めての集団生活。親と離れる時期を迎え、我が子は順調になじめたとは言えず、バス停で泣いて乗車拒否をしたり、制服を着ずに私服登園を続けたりと、なかなか頑固な子だったと思います。しかし先生方が本人を否定せず大きな心で、本人の気持ちが落ち着くのを待って頂けたのが、親子共々嬉しかったです。今では少し落ち着き、泣かずに登園できるようになり、お友だちとの時間を楽しんでいる様子で嬉しいです。

〇やまびこ幼稚園ならではの行事である田植え・泥リンピックでは、去年は泥や虫が嫌で無表情で立ちつくしていましたが、今年は去年とは比べものにならないくらい大はしゃぎで「またやりたい!」という息子に大きな成長を感じました。年少の頃からですが、息子は園生活が楽しくて仕方がないようで、一度も幼稚園に行きたくないと言ったことがありません。毎日毎日たくさんの先生やお友だちの名前を出しながら、その日の出来事を嬉しそうに報告してくれます。

担任の先生はもちろんですが、学年・クラス関係なく、先生方が全力で息子に接してくれるからこそ、どんな小さなことでも褒めてくれるからこそ、息子が充実した園生活を過ごせているのだと、本当に感謝の気持ちでいっぱいです！

◯園の「子どもの成長を考えた保育」にとても共感しています。先生方一人ひとりが、やまびこ魂を持って保育にあたってくれているといろいろな場面で思い、入園させて良かったと夫婦共々思っています。引っ込み思案で人見知りだった子どももキャラが変わり、今では自分を出し切っているようです。たくましく伸び伸びと成長しているのだと感じています。

◯友だちと一緒に取り組んだり、先生たちにやさしく励まされたりして、たくさんのことを吸収したようです。泥んこになって「楽しかった～」と言っているのを見ると、やまびこに入れてよかったと思います。やまびこ幼稚園ならではの遊びや体験で、日々成長していく姿を見るのがとても楽しみです。

〇野菜（特に葉もの）が食べられるようになったことです。家で毎回野菜のみ残すことがあり、どんなに調理法を変えても駄目で、私自身とても悩んでいました。けれど給食のおかげか、最近完食するようになり、そのことにいつも驚かされております。

〇家に帰ってきた息子から聞く話は、友だちとのケンカだったり、折り紙制作のことだったり、外遊びのことだったり、毎日いろいろな経験をして成長しているのだなあと感じています。くやしい思いをして涙する日もあれば、嬉しくて家族に自慢している日もあり。いろいろな出来事がありますが、毎日の登園を楽しみにしている姿を見ると、本当に充実した時間を過ごさせて頂いているなあと思います。残りわずかとなってきましたが、最後の一日まで息子とともに、毎日を楽しんでいけたらと思っています。

たくさんの子どもたちが『わざわざ』やまびこ幼稚園に通ってくるのは、やまびこ幼稚園が「我が子に幸せになってほしい」という保護者の真のニーズに応えているからだと私は分析しています。

「生きる力を育てるために、やまびこ幼稚園は存在する」

薄園長先生と話をすると、やまびこ幼稚園の役割の話がよく出てきます。

「子どもたちには、自分で考え、自らの力で壁を越え、夢を掴み、美しい花を咲かせ、大きな実を成らせる人生を歩いてほしい」という話です。そして「子どもたちの将来を考えたときに、幼少期に必要な教育は何かを考えると、卒園するまでに自分のことは自分でできるなど、この子は自立していると保護者が実感できるような教育をしたい」と続きます。

例えば、やまびこ幼稚園の自園調理給食は、お母さんがお弁当を作る手間を省くために実施しているのではありません（それなら自園調理給食ではなく、外部の事業者が作って運んでくるお弁当給食で十分です）。また、栄養面などの健康上の理由だけで自園調理にしているわけでもありません。

自園調理にすることで、みんなで育てた園の野菜を使った給食を作ることができます。自分で育てた野菜なので、好き嫌いなくおいしく食べることができます。また、自分で育てた素材を使った温かくておいしい給食は、食自体への興味関心を高め意欲を育てることにもつながります。

意欲は、まさに生きる力です。自園調理給食のように、やまびこ幼稚園は生きる力を育てる環境と教育を提供することで「我が子に幸せになってほしい」という保護者の真のニーズに応えているのです。

自立していく我が子の姿を見て家族が幸せを感じています。園児が卒園していくことで家族の幸せが地域に広がり、「我が子も、やまびこ幼稚園に入園させたい」という思いが生まれ、園児が増えてきたのです。

【教育理念】

子どもたちの今やるべき土台をつくり、美しい花を咲かせ、大きな実を成らせる

【教育方針】

生涯にわたる人間形成の基礎を培うために、心を育てる

個々の成長を考慮し、焦らない

自然と触れ合うことで学び、ほめて育てる

理念とは役割・使命です。役割を明確にして命を使って実現し続ける理由です。法人には役割がありいます。個人も役割（理念）がわかると、自身のあり方が明確になり、役割を果たすことが生きる喜びになります。

「やまびこ幼稚園が育てる生きる力」

幼稚園のコンサルタントをはじめた当初に、ある専門学校の校長先生にこんな話を聞きました。その専門学校には、小学校・中学校・高校時代にさまざまな経験をした若者が入学してきます。優秀な学生もいれば、悩みを抱えている学生もいます。

〈校長先生の話〉

いつからかわからないのですが、「なんでこんな問題もできないの？お前はバカだなあ」と言われ続けて専門学校に入ってくる学生がいます。すると本気で「俺はバカだから、どうせできない……」と言うようになります。自信がないのでしょう。私は、そんな学生に出会ったら、こんな質問をすることにしています。

校長「君は何か頭に病気をしたことがあるのか？」

学生「いえ、ありません」

校長「そうか、ないのか。そうだよな。君の頭脳は正常に動いているよ。だって私ときちんと会話しているじゃないか。君は今まで頭脳の使い方を教えてもらわなかっただけだ。これから2年間かけて、私が全力で頭脳の使い方を教えるから、君は必ず成長して、社会で大活躍する人材になるぞ」

この言葉を聞いて、もう一度挑戦する決意をして懸命に勉強し、大学生でも取れない高度な資格と技術を身に付けて卒業していく若者がたくさんいたそうです。彼らは日本だけではなく、世界で大活躍する技術者になっているそうです。言葉はすごい力を持っていると、この校長先生は教えてくれました。

一方で、校長先生は、こんなことも教えてくれました。

「でも聞いてくれない学生がいます。『大丈夫だ』という言葉が届けば、まだ何とかなるのですが、自信をなくし過ぎたからか、耳を塞いで言葉を聞いてくれない若者がいるのです」

若者には、もっと自信を持ってほしいと校長先生はおっしゃっていました。

この話から数年後、私は児童精神科の医者である佐々木正美先生に出会います（もうお亡くなりになってしまいました）。先生に、私はこう尋ねました。

「同じように生まれて、同じような環境で育ってきたのに、自分に自信がある人と自信がない人がいます。この違いはどうして生まれるのですか？」

佐々木先生は、明確に答えてくれました。

「心の中に、根拠のない自信が育っていることが大事です」

『私はかけっこで一等賞を取ったよ』『算数で百点だったよ』などは、一等賞や百点という根拠がある自信です。

根拠のない自信とは、人生を歩く中で、どうしていいかわからない悩みの壁にぶつかったとき、そのときに『私はもうだめだ…』と考えるのか、いや『どうしていいかわからないけれど、たぶん私は大丈夫だろう』と考えることができるのか?後者の『たぶん私は大丈夫だろう』と考えられる力が根拠のない自信です。

根拠のない自信が心に育っていれば、人生の壁にぶつかっても、あきらめずに考えて、知恵と工夫で乗り越えることができます。

根拠のない自信は、いいところを褒められる、いけないことをしたときはしっかり叱ってもらえる、不安なときは抱きしめて大丈夫だよと言ってもらう経験を幼少期に何度もすることで育つと先生は教えてくれました。

私は佐々木先生の話を聞いて、園の先生との出会いと関わりによって、子どもの心に根拠のない自信が育ち、幸せな人生を自分で歩く支えになっているのだと理解しました。そして、ここに園と園で働く先生の役割があるのだと確信したのです。

やまびこ幼稚園には「すべては子どもたちのために」という情熱を持った職員がたくさんいます。

その職員と園生活で関わる子どもたちはパワーで溢れています。

幼稚園の自然環境の中で、職員と子どもたちが関わりながら、たくさんの経験・体験をします。そして頑張るときは頑張る、集中するときは集中する、友だちを大切にする、みんなと協力することができる子が育ちます。

また、良いところをたくさん見つけて褒めてもらい、いけないことをしてしまったときは真剣に叱られ、不安なときは抱きしめて大丈夫だよと言ってもらう経験をたくさんしているので、卒園した後も幸せを支える「根拠のない自信」が大きく育っているでしょう。

やまびこ幼稚園はまさしく生きる力が育つ幼稚園です。事業の本質できちんと成果を出すこと。ここがぶれるとファンが集まってくることはありません。やまびこ幼稚園の本質は『教育』です。教育で子どもの成長という成果を高いレベルで出し、保護者の真のニーズに応えています。だから「やまびこ幼稚園が好き」というファンが集まってきます。

※佐々木正美先生：1935年前橋市生まれ。1966年、新潟大学医学部を卒業後、ブリティッシュ・コロンビア大学に留学し、児童精神医学の臨床訓練を受ける。帰国後、国立秩父学園を経て、小児療育センター（横浜市）勤務、東京大学精神科、東京女子医科大学小児科、お茶の水女子大学児童学科で講師、ノースカロライナ大学精神科TEACCH（自閉症の療育支援プログラム）部に学びながら共同研究に協力、川崎医療福祉大学特任教授（岡山県）。横浜市リハビリテーション事業団参与等を歴任。著書に『0歳からはじまる子育てノート』（日本評論社）、『自閉症療育ハンドバック』（学研）、『子どもへのまなざし』（福音館書店）など多数。（株式会社絵本ナビのホームページより参考引用）

第2章　生きる力を育てる教育へのこだわり
～根っこ教育とは何か？

専業主婦世帯が多い時代から、結婚・出産後も女性が仕事を続けるようになりました。この変化に応じて保育園が全国で増え、幼稚園も預かり保育で共働き世帯の子どもを受け入れるように変化してきました。

※預かり保育…早朝及び午前中から始まる教育時間終了後（14時くらい）に園児をそのまま預かり、保育を提供すること。（幼稚園は本来教育時間（4時間）のみ園にいる施設）

幼稚園を認定こども園（幼稚園と保育園が融合した施設）にする等、早朝・午後の預かりを充実させて、働いている・働いていないに関わらず園児が通える園が増えました。また、未就園児教室や子育て支援・一時預かりなどで、1歳2歳から通える園も増えました。

今後も、全国の園は1歳から通える体制を目指し、幼稚園の未就園児活動も2歳3歳児対象から0歳1歳児対象にしていくでしょう。ほとんどすべての園が1歳児から受け入れる同じような体制になります（やまびこ幼稚園は、保護者の就労状況に関係なく園児が通える体制を整え、一時預かり保育で1歳から関われる体制を整備しています）。

園児の受入れ体制などの運営内容で、他の園との違いを出すのは難しくなりました。保育料も3歳以上は全員無償化なので、安価を強みとすることはできなくなりました。つまり、どこも同じような園になります。

どの園に通っても同じなら、誰もが家から近い園を選ぶようになります。もしくは建て替えて新しくなった園舎の園を選ぶようになります。まだまだ日本の出生数は減少するので、地域の少子化の進行に合わせて園児が減少していくことになります。

園児数が減少しないようにするには、他との違いを明確にして、遠くてもわざわざ通ってくる園になる必要があります。経営のポイントは他の園に対して自園の違いを明確にすることです。しかし、園児の受入れ体制で違いを明確にするのは難しいでしょう（24時間体制の受入れや預かり保育料を無料にすれば違いを出せるかもしれませんが、経費増で経営的に苦しい状況になるので実現は難しいです）。

園経営において、他との違いを出すポイントは『教育』です。家庭環境に関係なく通える体制を整備しながら、自園独自の教育で他の園との違いを明確にすることができます。そして、自園の教育を広報することで違いがわかり、「我が家にはこの園がいい！」と園児が入園してきます。

また、コロナ・戦争・貧困・少子高齢化・未婚化などの社会不安によって、我が子の将来について不安を感じる保護者が増えています（仕事に就いてお金を稼ぎ、結婚して家庭を持つという、以前なら当たり前のことができるのか不安を感じています）。

教育への期待は大きく、どういう教育をしている園なのか、教育によってどのように子どもが成長するのか、我が子が将来幸せになれる教育なのかを確認して入園するようになります。

保護者は、3歳からの教育だけではなく、2歳児からの教育（満3歳児入園や未就園児プレクラスなど）も必要とし、教育時間（午前10時から4時間）以後の預かり保育中も、ただ預かるだけではなく、教育的活動を求めています（課外教室など）。

特に、我が子の将来の幸せにつながる教育を必要としています。

※未就園児プレクラス…ご両親と少し離れて（週数回・短時間）、子どもだけで友だち・先生と園で過ごしてみる入園準備教室。最初は親子登園で、一人で過ごす時間を少しずつ増やしていくタイプや、最初から子どもだけで園で過ごすタイプなど、園ごとに内容が異なる。

保育は1歳から、教育は2歳からの体制を整えて、教育で他園との違いを明確にするのですが、多くの幼稚園・認定こども園で入園理由（なぜその園を選んだのか？）を確認すると、「家から近いから選びました」が最も多いという現状があります（入園後に、園の内容と先生がよかったという感想に変わっていく園が多い）。

教育が入園理由になっている園は少ないと感じています。

入園理由が教育ではなく、家から近い・バスが近くに来るから・施設がきれいだから・料金が安いから・お弁当を作らなくていいから、などのサービス的な運営内容になると、クレームや理不尽な要望が増える傾向にあります。

保護者が、その園のことを教育施設（学校）ではなく、サービス業と捉えているからです。高度なサービスを期待して入園したので、サービスに不備があるとクレームになり、サービスが足りていないと思うとサービスの充足を求めて理不尽な要望が生まれます。クレームや理不尽な要望は、現場の職員を疲弊させて早期退職や年度途中退職につながります。教育施設はサービス業ではなく、働く職員もサービス業に勤めているという認識はありません。

園の職員は「先生」という仕事に誇りと使命感を持っています。しかし就職してサービス業の店員のように扱われると、自分の意識と現実にギャップを感じて仕事が辛くなります。保護者が悪いわけではありません。入園前の園の説明不足が原因です。園の説明不足で、保護者が教育施設と理解していないから起こることです。

きちんと自園の教育を説明し、教育方針に理解と賛同を得た上で入園して頂くことが重要です。

入園理由が教育であることに園はこだわるべきです（保護者の入園理由だけではなく、就職する職員の就職動機も教育であることにこだわるべきです）。

※幼稚園・認定こども園は学校なので、就職動機は教育であることにこだわるべきです。預かり保育の専任なども含めて、職員に教育を担う仕事に就いている意識がないと、保護者が教育を理由として入園することはありません。「この園の教育をやってみたい」「できるようになりたい」という思いを持って就職してもらいましょう。

やまびこ幼稚園の入園理由アンケートを見ると、教育と子どもたちの成長が入園理由になっている方がとても多いです。未来の幸せにつながる質の高い教育をしっかり提供し、子どもたちの成長（生きる力が育つ）という成果を出し続けてきたこと、園の教育内容と成果（子どもの成長）をしっかり発信して説明してきたからでしょう。特に自然環境と自然環境を活かした教育活動に対する評価が高いです。

〈やまびこ幼稚園を選んだ理由　アンケートより抜粋〉

◯泥リンピックなど、たくさんの自然や行事に触れながら、のびのび育ってくれるのを楽しみにしています。

◯自然の中でたくさん学んでもらいたい。なかなか経験できない田植えや、野菜を育てて収穫することなどに魅力を感じて選びました。

◯豊かな自然に囲まれながら、のびのび過ごすことができるので、子どもたちの心や体の発達に良い刺激を与えてくれることを期待しています。

◯教育方針もですが、やはり先生方の子どもへの愛情の深さと、子どものことを一番に考えてくれる所が素晴らしいです。

◯大自然の中で、のびのび園生活を送れる環境がとても気に入っています。子どもに寄り添って丁寧にやさしく、ときには厳しく接して頂きとても感謝しています。

○古きよき遊びや行事などに取り組むことと、管理システムに関しては新しいものを導入しており、そのバランスが絶妙で素晴らしいと思います。どの先生も笑顔で接して下さり、元気をもらっているのは保護者かもしれません。

○田植えをしてお米を育てたり、野菜を育てて食べたり、食育に力をいれた貴重な経験ができるから選びました。

○泥リンピックや田植えなど、自然に囲まれた園ならではの行事に魅力を感じました。運動会やお遊戯会・お店屋さんごっこなどの沢山の行事を通して、家庭ではできないような経験ができると思いました。また、先生方の明るい雰囲気にも惹かれました。

○自然の中で季節の活動を体験させてもらえることや、先生方が何事にも全力で取り組まれていること。

○自然に囲まれた環境でたくさんのことを経験し、学び、のびのび育ってほしい。

○他の園もいろいろ見学して、一番先生方の顔がイキイキとしていたことと、自然がいっぱいの場所で、のびのびと園生活を送ってほしい。

○園長先生がことあるごとに伝えて下さる「子どもに手をかけすぎないでください」「できるようになるためには習慣化しないといけない」という考え方は、我が家の子育てで大切にしている点でもあるから。

○体を動かす行事があるから、裸足保育に共感。

○自然とふれあえる体験や行事が他園と比べると多く、先生方が子どもの情報をしっかりと共有して下さり、一緒に親がその場にいなくても状況や心境が伝わります。

○たくさん自然と触れ合え、のびのびと成長できる環境です。

○家庭ではできない田植えや野菜を育てることなどを経験することで、食べものの大切さ・あいさつ・自立などを学べる根っこ教育を聞き選びました。自然の中でのびのびと育って欲しいと思います。

○先生方が笑顔で挨拶をしてくれたこと、電話の対応も丁寧なこと、都会から離れた場所だからできることを期待して選びました。

○行事が楽しそう、先生方がはつらつとしている、自然に触れ合えるなど、魅力的な所がたくさんあります。

○自然体験がたくさんできるのはもちろん、職員のみなさんがいつも気持ちよく元気に挨拶してくれるのがとても印象的です。

○園見学に伺った際、先生方の対応がとてもやさしく、ちょうど運動会のかけっこの取り組みをしていた年少さんの中に娘が乱入して一緒に走ってしまったのですが、「すごいね」「速かったね」と先生方にお声掛け頂き、娘の行動を受け止めてくださり、先生方のあたたかさを感じました。

「やまびこ幼稚園の教育」

「泥リンピック」という行事があります。名前の通り、広い田んぼを全面に使って、泥の中でダイナミックに行われる子どもたちの〝オリンピック〟です。

大人でも経験したことがない量の泥の中で、子どもたちは目・耳・鼻・舌・皮膚の五感で、自然の水と土と空気に触れて、外部からの刺激を五感で感じとる経験をしているのです。今の時代、このような体験はなかなかできません。なぜ五感をフルに使う経験を子どもたちにさせているのでしょうか？

五感を養うと、自分の経験から何かを感じる感性が育まれ、人の立場に立って物事を考えることができるようになります。感性が育ち、人の立場に立って物事を考えることができるようになると、多くの人と豊かで深い人間関係を構築することができるようになります。豊かで深い人間関係は、人生の幸せにつながります。

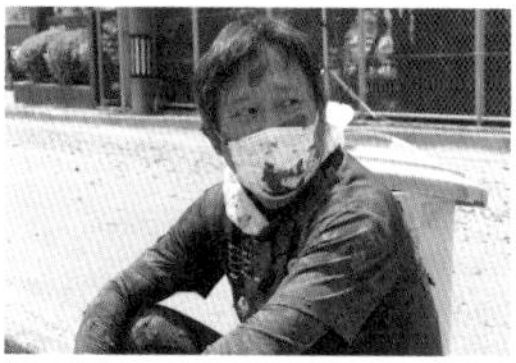

やまびこ幼稚園の教育は、子どもたちが将来幸せになるために幼児期に何が必要なのか、何をどうやるといいのかについて、深く考えて創られています。泥リンピック以外にも、普通は体験・経験できない教育活動が、やまびこ幼稚園にはたくさんあります。

子どもたちが将来幸せになるための教育活動をご紹介します。

〈丈夫な体を育てるための活動〉

◇薄着で過ごす

体調に合わせて無理はしませんが、汗腺（汗の出る穴）を育てて、子ども自身で体温を外気に合わせて調整する体温調整能力を育てるために、薄着（半袖・半ズボン）と裸足で過ごします。

◇乾布摩擦

免疫力が上がってアレルギー症状が緩和し、風邪をひきにくくなります。血流が良くなることも期待して、一日一回、乾布摩擦を行います。

◇神経系の運動

平均台を渡り、パイロンをよけながら走り、ボール遊びをして平衡性（平衡感覚やバランス感覚）と俊敏性（すばやく反応・行動する感覚）と協応性（脳と運動神経の伝達）を養い集中力を育てます。

◇リズム運動

朝の取り組みのひとつとして、さくらんぼリズムを取り入れ、音楽に合わせて体を動かしながら「運動神経」と「感覚神経」そして「脳中枢神経」を発達させることをねらっています。学年で段階を踏みながら、楽しく取り組んでいます。

他にも、マラソン・おゆうぎ会・ソーラン節・ボディペインティング他の行事があり、心身の健康だけではなく、子どもたちが表現や、協力して達成する喜びを経験・体験できるようにしています。

そして、先生も保護者も楽しみます！

心を育てる根っこ教育

やまびこ幼稚園の豊富な自然環境を活用した教育活動「根っこ教育」が、様々な生きる力を育てます。

【根っこ教育で育つ様々な生きる力】
○子どもたちの好奇心や何かに憧れを感じる力
○「これはどうして？」「これは何？」「どうやったらできるかな？」などと考える力
○みんなで一緒に協力してやってみるコミュニケーション力
（先生の話を聞く、友達に教える、友達に教えてもらう力）
○活動に没頭してやりきる集中力、生命への思いやりとやさしさなど

【根っこ教育のコンセプト】
木の根っこは土の中にあります。地に張った根っこが力強く太く広がっていれば、地上の葉っぱは豊かに茂り、美しい花が咲き、大きな実が成ります。そして、どんな強風や豪雨にさらされても枯れることはなく倒れません。大地にしっかり張った木の根っこのような人間力の土台を、心にしっかり作るのが「根っこ教育」です。

※人間力の土台が育っている状態で、算数・絵画・英語・運動などの教育カリキュラムを経験すると学びが増えて、大人になったときに自分で考え、自らの力で壁を越えて夢を掴み、幸せになることができると、やまびこ幼稚園は考えています。

【根っこ教育について】

◇環境

園庭には、子どもたちが思う存分遊ぶことができるアスレチック「山」があり、自然素材を使った遊具・おもちゃなどで遊びます。

◇プログラム

○季節遊び

自然がいっぱいの園庭で、四季の変化を観察してさまざまな発見をします。草木・花や、バッタ・クワガタなどの虫と出会うことができます。ホタルが来たこともあります。子どもたちの好奇心や探求心が育ちます。

園の自然環境で経験すること

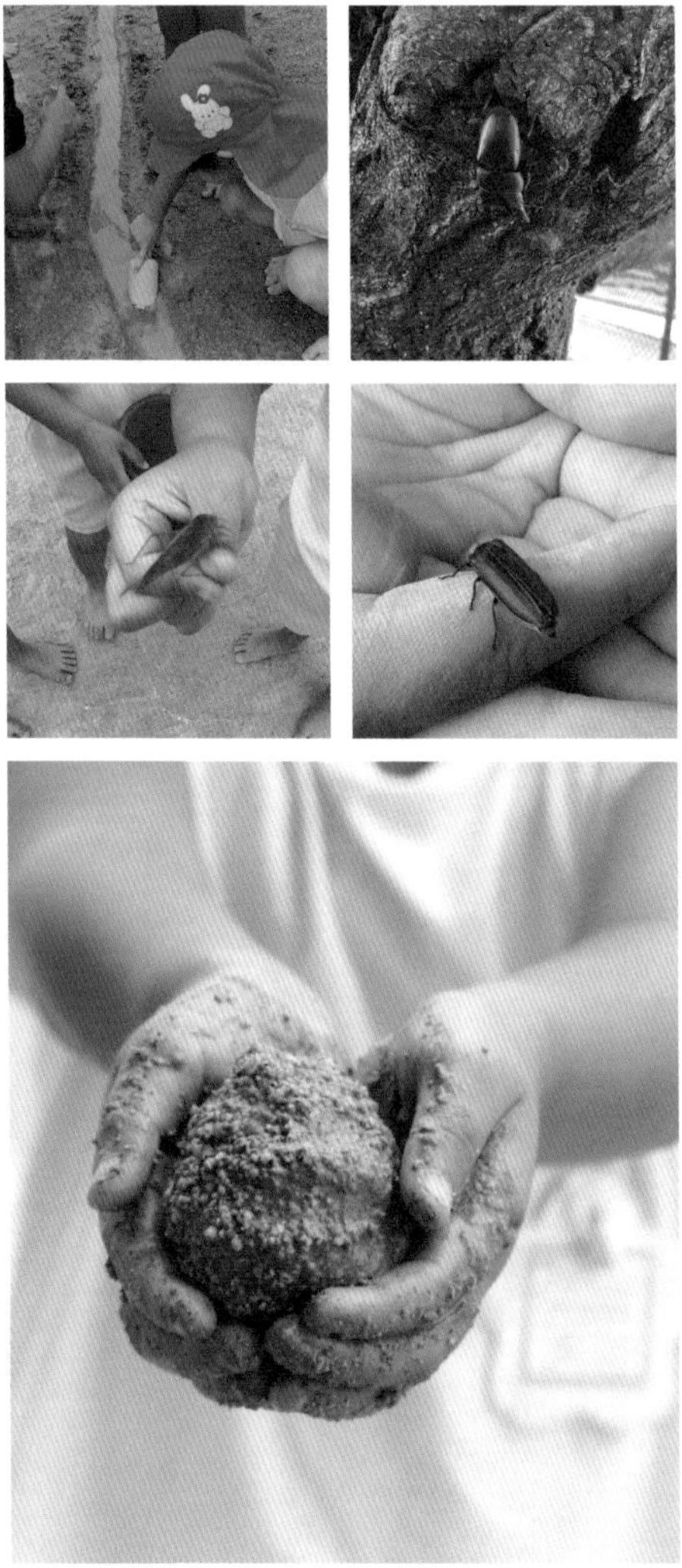

○収穫祭

地元農家さんの協力をもらって、地元産の安全でおいしい食材を「植える→収穫する→食べる」経験をします。夏野菜・みかん・お米など、年間を通してたくさん「植える→収穫する→食べる」経験をします（育てている野菜は、トマト・なすび・ピーマン・きゅうり・玉ねぎ・スイカ・じゃがいも・ズッキーニ・オクラ・さつまいも・ブロッコリーなど）。

【広大な畑】広大な畑で大規模な農作業体験をさせて頂く！

【田植え】泥リンピックをした田んぼで集中して丁寧に田植え！

【苗植え】園内の畑やプランターで、野菜の苗を植える！

【収穫】収穫は楽しい！

【収穫祭！】自分で育てた野菜を食べる喜び！

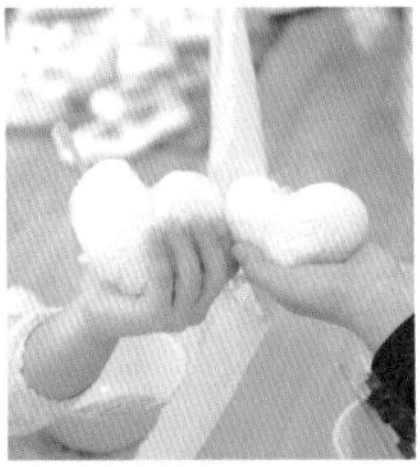

自然の中で、子どもたちは一人ひとり違う経験をします。自然の中を元気に走り回り、友だちと一緒に新しい発見をして、「何だろう?」と好奇心を持ち、新しいことをたくさん先生から教えてもらいます。

自然を通した先生や友だちとの関わりで、挨拶や礼儀、人の話を聞き意見を言うなどの人とのコミュニケーションが身に付いていきます。また、生命の偉大さ大切さを知る経験をして、人にやさしくすることができるようになり、人のことも自分のことも大切にして生きることができるようになります。

子どもたちの幸せを願う、明るくやさしく強い心を持った情熱溢れる先生が、自然環境の中で笑顔と愛情たっぷりで子どもたちと関わるので、心の根っこが大きく大きく育つのです。

子どもを通わせるには不便ですが、山と田んぼに囲まれた環境は、子どもたちには最高です。やまびこ幼稚園で普通に過ごすだけで自然と関わることができて、大地と生命のパワーを受けながら成長することができます。この自然環境が、やまびこ幼稚園にしかない独自の教育を創り出したのです。

【根っこ教育による子どもたちの成長の姿】

やまびこ幼稚園の先生に教えてもらった子どもたちの成長の姿です。やまびこ幼稚園で、子どもたちの生きる力がしっかり育っているのがわかります。

◯緊張して発表することや返事・話をするのが苦手だったたくま君が、年少で1年間さまざまな経験をして成長し、年中になっていきいきと園生活を楽しんでいます。

◯園での集団生活を通して、お友だちの気持ちを考え知ることで、思いやりの気持ちを持つようになります。ほしぐみ（年少）のときに、周りのお兄さん・お姉さんからやさしくしてもらった経験から、自分より小さいお友だちや困っているお友だちにやさしく接してくれるさやかさんを見て、成長を感じました。

◯野菜嫌いで偏食のともき君が、園の農作業体験で野菜の成長を知り、お友だちと一緒に食事をすることで、食べる楽しさやいろいろな食材のおいしさに気付きました。さまざまな先生から褒めてもらうことで自信をつけて、自らの意思で苦手なものも好き嫌いせずに積極的に食べられるようになってきました。

◯おもちゃの取り合いになったこころ君としゅうま君。ジャンケンで勝ったのでこころ君がおもちゃを受け取りましたが、数分後、しゅうま君が気になったようで、こころ君はしゅうま君に寄り添いおもちゃを貸そうとしていました。しゅうま君はジャンケンで負けたので「いや、大丈夫」と断っていましたが、お互いを思いやる気持ちが根っこ教育で育っているのを感じました。

◯折り紙に苦手意識があり、製作の時間になると「できない…」と涙を流していたそうま君が、お家で折り紙をしたり、室内遊びで折り紙をしたりする内に、少しずつできるようになって自信がついてきました。涙を流すこともなくなり、できた折り紙を笑顔で見せてくれるようになりました。苦手意識があったけど、コツコツ取り組むことでできるようになり、自信を持った姿に成長を感じました。

◯おゆうぎ会の合奏で、木琴を担当することが決まったゆいさん。登園したら支度をすぐに終わらせて、毎朝練習してできるようになりました。諦めず、毎日コツコツ努力することができるところに成長を感じました。

◯おゆうぎ会のダンスを練習中、サビ部分の振り付けがなかなか覚えられなかったこうき君。諦めずに何度も練習に励み、できるようになりました。

◯「代表の言葉」を言うことが緊張すると朝から泣いていた ののはさんが、「そばで見ているよ」と伝えると、堂々と大きな声でやり遂げ、自信に満ち溢れた表情を見せてくれました。遠足など、お母さんと一緒に参加する行事の日は涙を流していましたが、2年間の経験で、年長になってからは切り替えができるようになりました。

◯いつも、自分の意見より友だちのことを優先してしまう とうや君。何かあるたびに思ったことを伝える大切さを話していたら、おゆうぎ会の演目決めの際に「僕はダンスがしたい」と、初めて友だちの前で自分の気持ちを伝えることができました。本番は、誰よりもイキイキと踊っていました。

◯鉄棒の逆上がりができない はるのぶ君が、降園後にお母さまと秘密特訓をする姿を目にして、はるのぶ君の諦めない気持ち・がんばる（努力する）気持ちを感じ、嬉しくなりました。

やまびこ幼稚園創立者・前理事長　薄一秀先生の思い

薄一秀先生は、昭和55年4月学校法人すすき学園 花鶴丘幼稚園を創立します。全く何もない0からのスタートで、何度も何度も県庁（学事課）に足を運び、幼稚園設立の交渉をしています。0から幼稚園を創立する苦労は、たいへんなものであったと思います。想像が及びません。しかし、薄一秀先生は「苦労というより充実した日々であった」という言葉を残されています。

高校教師から幼児教育の世界に飛び込んだ薄一秀先生には、高校の成果教育（知識を教えること）よりも「人の心の教育をしたい・しなければならない」という思い（夢）がありました。その思い（夢）を実現するための日々だったから、大変な苦労であったけれども充実していたのだと思います。創立当時の薄一秀先生の話は、思いと夢が人間に大きな力を与えてくれることを教えてくれます。

「つくすべし尚つくすべし」

この言葉が、薄先生の子どもたちへの教育の原点でした。

「できないのではなく、する気がないのだ。時間がないのではなく、時間の活用が下手なのだ。相手がつくしてくれないのではなく、自分がつくしていないのだ」という考えのもと、子どもたちの「がんばる心、人を思いやる心」を育てるという大志を抱きながら、幼稚園と幼児教育を創り上げてきたのです。

より効果的な幼児教育を創るために、そのやり方を日々工夫し努力を重ねて変化させてきたのですが、それは「つくすべし尚つくすべし」の精神のもとで子どもたちの「がんばる心、人を思いやる心」を育てるためでした。そして、やまびこ幼稚園の今の根底の考え方でもある「楽しくなければ幼稚園ではない」を合言葉に、子どもも教職員も楽しく取り組める環境を整え、幼児教育を実践してきたのが薄一秀先生でした。

そして、平成15年にやまびこ幼稚園を創立します。

「なぜこの不便な場所にやまびこ幼稚園を創ることにしたのか？」

おそらく薄一秀先生は「つくすべし尚つくすべし」「がんばる心、人を思いやる心を育てる」「楽しくなければ幼稚園ではない」という3つの言葉に従って子どもたちに必要なことを考え、山の麓の自然いっぱいのこの場所しかないと思い、ここにやまびこ幼稚園を創立することを決めたのではないかと思います。薄一秀先生のブレない建学の精神の象徴が、やまびこ幼稚園のこの環境だったのではないかと思うのです。

〈前理事長 薄一秀先生の花鶴丘幼稚園創立40年を迎えての言葉〉

「創立から40年。卒園児さんも5300名を数えるほどになりました。そして、卒園児さんたちが教職員になったり、親になりそのお子さんが入園したり、また役員となって協力してくれたり、各方面での活躍を見たり聞いたりすることが私たちの最高の喜びです。これから少子化・無償化と目まぐるしく変わる時代の流れに呼応すべく、ますます知恵をしぼる必要がありますが、とにかく子どもたちのために、職員一同がんばっていく所存です。今後とも、どうぞよろしくお願い申し上げます」

この地を選んだからこそ根っこ教育が生まれ、他にはない唯一無二の園となり、多くの家族がわざわざ子どもを入園させる やまびこ幼稚園が誕生したのです。

【やまびこ幼稚園の基本的な考え方と役割】
楽しくなければ幼稚園じゃない、楽しい幼稚園の中で、子どもたちの生きる力を育む

【教育目標　心身遊喜】
1. 思いやりの「優しい心」 困難を乗り越える「頑張る気持ち」を育む
2. 毎日継続して実践し、基本的生活習慣を身に付ける
3. 幼児期に適した運動遊び（リズム・神経系の運動）を実践し運動神経を育てる
4. 年間を通して裸足・薄着で過ごし、強い身体をつくる
5. たくさん遊び、様々な経験と体験をして、感じる力・挑戦する心・自分で考える力・集中する力を育てる
6. 自然体験活動を通し、食と命を大切にする心を育てる
7. 楽しい園生活を送り、子どもらしく元気いっぱいに、たくさん達成感を味わう

心の中で思うだけでは、役割を果たすことはできません。役割を言葉にして、役割を果たすために必要な具体的な「行動」を起こすことで、役割を果たすことができます。

花
鶴
丘
声かけよう よその子
うちの子 区別なく
古賀クリニック
内科 小児科 外科
花鶴丘団地内
TEL 944-1555
花 鶴 丘

第3章　保護者とのつながりにこだわる
～理解・賛同・協力・対等の関係

やまびこ幼稚園は、さまざまな方法で保護者とコミュニケーションをとっています。園だより・クラスだより・ホームページ・SNSなど、あらゆる媒体・ツールを使って、園の理念と方針、教育内容と子どもたちの成長を伝えています。

〈やまびこ幼稚園が保護者とコミュニケーションを取る方法〉

〇保育参観、クラス懇談会、個人面談
〇保護者アンケート
〇先生ブログ
〇インスタグラム、フェイスブック

**やまびこ幼稚園の
インスタグラム**

○LINE

我が子の成長を知って家族の幸せを実感してもらうために、また保護者にやまびこ幼稚園を理解してもらい、教育方針に賛同して「やまびこ幼稚園で我が子を共に育てたい」という思いを持ってもらうために、積極的に情報を発信しています。

また、未就園児（これから園に入園する子ども）が園に来る機会として、「ひよこくらぶ」「たけのこぐみ」「バスツアー」などがあり、入園前の早い段階で未就園児とその家族に出会い、時間をかけてコミュニケーションを取り、教育方針を伝えています。

「ひよこくらぶ」の教育方針

やまびこ幼稚園へようこそ！

やまびこ幼稚園ってどんなとこ？？

やまびこ幼稚園では、「根っこ教育」を行っています。

将来大きな花を咲かせるためには、しっかりした土台が必要です。幼児期にたくさんの経験をして、この土台を作ることが大切になります。

やまびこ幼稚園では、日々の生活の中で基本的な生活習慣を身に付け、遊びや充実した体験活動の中でコミュニケーション能力を付けたり、感性を育んだりしています。

また、この自然に恵まれた環境でたくさん体を動かし、強い身体づくりも行っています。

まずは幼稚園生活を楽しむこと！

そして今だからこそたくさんの体験を！

やまびこにしかない楽しいことがたくさん待っています♪

保護者とのコミュニケーションの機会として、保護者会を重視しています。保護者会で保護者と相互理解の協力関係を構築することで、園と家庭が連携して子どもたちの生きる力を育てることができるからです。

保護者会は「母の会」と「オヤジの会」があります。

【保護者会】

〈母の会〉

母の会役員の積極的な活動で園が盛り上がります。

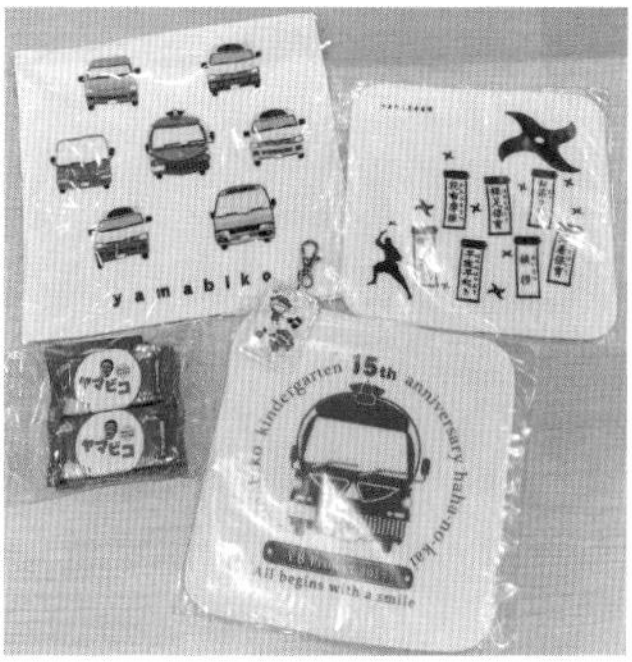

〈オヤジの会〉

2015年に発足した『やまびこオヤジーズ』は、力仕事（行事の準備など）の応援だけではなく、姉妹園対抗のソフトボール大会や、その祝勝会などの飲み会を企画・開催してくれます。

【夏祭り】

やまびこ幼稚園を知ってもらう機会として、未就園児の家族や地域の方に園を開放する「夏祭り」を開催しています。園の職員だけで開催するのではなく、保護者会（母の会とオヤジの会）と連携して開催しています。積み立てた保護者会会費で、お笑い芸人などの有名人を招待することもあります。「笑う門には福来る」をテーマに芸人の永野さんが来てくれた年もあれば、なかやまきんに君やザ・たっちが来たこともあります。とても盛り上がりました！

「みなさんのお客さまは誰ですか?」園で職員研修をするときに、参加者に聞く質問です。回答は「子ども」次に「保護者」が多いです。

園がサービス業であれば、お客さまは子どもと保護者です。サービス業の役割は、お客さまが困っていることや必要としていることを代行することなので、子育てを代行し、登降園の利便性を高める運営をします。園児は丁重に扱い、いけないことをしても叱ることなく、とにかく安全に預かることを徹底して、顧客満足を高めなくてはいけません。しかし、園はサービス業ではありません。

園は子どもたちに教育を提供する「学校」です。学校の役割は子どもが困っていることを代行することではなく、自分のことは自分でできるように自立を教えることです。卒園後も幸せな人生を歩けるように、良い所があれば認めて褒めて、いけないことをすればしっかり叱り、不安なときは抱きしめて「大丈夫だよ」と伝えながら、さまざまな知識を教え、さまざまなことを経験させて、生きる力を育て自立を教えています。

「保護者の大事な子どもをしっかり育ててまた社会に戻す（卒園させる）」ことが園の役割であり、しっかり育てた子どもたちが卒園していくことで、よりよい社会づくりに貢献しています。

よりよい社会づくりが園の役割と考えれば、園のお客さまは社会です。

園は社会が必要としていることを理解して、よりよい社会づくりにつながる教育を提供する必要があります。よりよい社会につながる教育を子どもたちに届けるためには、子どもと保護者をお客さまとして扱い、「お客さまは神さまです」とする関係はありえません。また園が立場を利用し、保護者を支配するような関係もありえません。

園と保護者は、子どもたちを共に育てるパートナーです。ただし園に軸を置いて、保護者が園の方針・ルールを理解・賛同して協力する関係が前提になっていることが大切です。だから園は、保護者に園の方針・ルールを説明します。保護者が園の教育方針を理解・賛同していないと、園を軸にしたパートナーとしての関係を構築することができないからです。

やまびこ幼稚園と保護者の関係は理想的です。積極的な情報発信と保護者会などでのコミュニケーションによって、保護者が教育方針を理解して賛同しているのがわかります。やまびこ幼稚園は、園の活動に協力してくれる保護者に本当に感謝しています。

〈前理事長 薄一秀先生の花鶴丘幼稚園創立40年を迎えての言葉〉

「はじめての幼児教育には何も迷いがありませんでした。40年も大過なくやってこられたのは、歴代教職員のがんばりはもとより、保護者会（母の会・おやじの会）の皆さんの力強い支えと地域の皆さんの暖かい励ましや理解、ご協力の賜物であると、心から嬉しく思い感謝の気持ちで一杯です」

やまびこ幼稚園の役割である「子どもたちの生きる力を育てて社会に戻すこと」は、保護者との関係が大きく影響するので、保護者とのつながり方にこだわりがあります。

「やまびこ幼稚園がこだわる保護者とのつながりとは？」

やまびこ幼稚園は保護者をお客さまと捉えていません。また園の業務を半ば強制的に手伝わせて保護者を支配するような関係でもありません。保護者アンケートを見ると、園と保護者の関係は対等であり、ともに協力して子どもを育てるパートナーとして同志的につながっていることがわかります。

軸は方針を決めるやまびこ幼稚園にあり、保護者もやまびこ幼稚園の方針を理解して賛同しています。やまびこ幼稚園にとって、保護者は子どもたちの生きる力を育てるＢＵＤＤＹ（仲間）なのだと思います。

保護者の教育方針への理解と賛同、そして園とどのように関わっているか、この保護者とのつながり方に、やまびこ幼稚園はこだわり続けています。

〈保護者の声〉

園パンフレット（当時）に掲載された４名の保護者へのインタビューより抜粋

Mさん…卒園児の小学校２年生の男の子と年長クラスの二人を通わせたママ
Nさん…年長と年少にそれぞれ男の子を通わせて、母の会会長も務めたママ
Yさん…年長の女の子と年少の男の子を通わせていたママ
Tさん…年長の女の子と年少の男の子を通わせていたママ

――自然の真ん中にある環境の良さって何でしょうか？

Yさん　園庭が広い！なかなかこんなに走り回れる贅沢な場所って今は少ないのではないかな。

Nさん　さくらやドングリとか四季を感じることができる木がたくさんあるし、冬には雪が積もることもあるみたい！（やまびこ幼稚園は雪が少ない九州福岡にあります）

Tさん　カブトムシも来るしね！（カブトムシ・クワガタ、ホタルが来たこともある）

Mさん うちの子は虫が苦手だったけど、いつのまにかダンゴムシを平気で触れるようになったな。

Tさん 園から帰ってきて、かばんやポケットからドングリとか木の葉を出して、プレゼントしてくれます。

Nさん どこかにわざわざ出向かなくても、やまびこ幼稚園にいると自然体験ができますよ。

――やまびこ幼稚園のココがいい！という取り組みは？

Nさん 裸足保育で土踏まずの形成を重視しているのも私は好き。

Yさん 今は裸足で砂が触れない子もいると聞くよね。

Mさん それを強制しないのもいいですね。長男は、はじめ裸足は無理だったけど、自分でやるまで先生が待ってくれました。先生が見守ってくれたおかげで、年中になると自発的に裸足で園庭を走り回るようになりました。幼稚園に入って本当に活発になりました。

Yさん 泥リンピックで、年少のときは固まって動けない子も、年長になると自ら飛び込んで行くよね。

Tさん 園内で給食を作っているのもいいな。

Nさん　そうそう！自分たちで苗を植えて育てた野菜が給食で出てくると、子どもたちは喜んで報告してくれます。

Tさん　うちの子はトマトが嫌いだったけど、給食では食べるみたい。

Mさん　園の前に広がる田んぼで田植えをして、自分たちで収穫して、おにぎりパーティーで食べたりするよね。

Yさん　家ではなかなか体験させられないことだから、ありがたいです。

Mさん　こういったイベントもいいけど、普段の園生活でお話を聞くとか、お友だちと仲良くするとか、大事なことを学んでくれていると思うな。

Nさん　小学校に入学していく大切な時期に、人として大切な根っこを育てることは、とても大事なことだと思う。

――まさに、やまびこ幼稚園が掲げる「根っこ教育」ですね。

Nさん　そうです。入園説明会で薄園長先生の「根っこ教育」の話を聞いて、すごく共感しました。

Yさん　パンフレットの子どもたちのステキな笑顔の写真も、先生たちが撮ってくれるからこそだと思う。うちの子も入園したら、こんな風に毎日笑って通えるのかなって思いました。

Mさん 実際、うちの子は幼稚園に行きたくないって言ったことはないです。

Tさん うちの子は教室に入れない時期があったけど、先生たちは無理やり入れようとせず、自分で入ろうとするまでずっと待ってくれました。「今日は靴を脱ぎましたよ」「今日はかばんをおろしましたよ」とか一つひとつの成長を報告してくれて安心しました。

Nさん 一つひとつの報告が親として安心できるし、嬉しいよね。

Mさん しかも担任の先生だけじゃなく、他の学年や事務の先生も声をかけてくれます。

Yさん 園全体で一人ひとりの子どもと接してくれる感じだよね。

Mさん 私たち親は、子どもの悪いところを見てしまうけど、先生たちは良いところをたくさん見つけてくれる。親が子どもに対して不安に思っていても、「大丈夫、園ではこうですよ」と教えてくれます。

Tさん 園長先生の子どもや先生たちへの情熱も、園の良い雰囲気につながっていると思う。

Yさん うんうん。先生たちの明るさと元気が大好きです！

ここまで高い評価をもらうやまびこ幼稚園の職員もすごいのですが、保護者がここまでやまびこ幼稚園を理解して思いを持っていることもすごいと思います。このような理解と思いに、やまびこ幼稚園は支えられています。

子どもの理想的な教育環境は、園で学んだことを家庭でも取り組む連携体制と専門性の高い情熱溢れる先生がいることです。やまびこ幼稚園の教育も、家庭（保護者）の協力・支えと、情熱溢れる先生がいなければ成立しません。

やまびこ幼稚園は、子どもたちの基本的生活習慣の定着を目指し、園と家庭が連携して子どもを育てる体制を整えています。また親子や保護者同士がふれあう時間と場を用意して、さまざまな子どもの成

長をみんなで共有できるようにしています。

※近年、家庭の教育力や地域社会が子どもを守り育てる力が弱くなっていると言われます。家庭との連携だけではなく、地域との連携もあると更によく、やまびこ幼稚園は農家などの地域の協力と支えをたくさんもらいながら、子どもたちの教育環境を整えています。

教育方針への保護者の理解と賛同がないと、園と家庭で連携が取れず、それぞれバラバラに子どもを見ている状態になります。そうなると、せっかく園生活でいろいろ学び経験しても家庭で実践されず、子どもたちの生きる力があまり育ちません。逆に園と家庭が連携し、その子の情報を共有しながら、園でやっていることが家庭でも実践されると、子どもたちの生きる力は抜群に伸びます。

また、人間形成の基礎として重要な幼児教育を行うにあたり、園と保護者の連携体制の構築が必要なのですが、このために保護者に守ってほしいことがあります。守って頂けないと、園と保護者が連携することができません。

〈保護者に守っていただきたいこと〉

○幼児期は子どもの心が育つ大切な時期であることを理解いただくこと
○園と連携して、お子さんの将来の幸せにつながる子育てに取り組むこと
○子どもに、お父さんとお母さんが信頼し合っている姿を見せること
○子どものさまざまな活動や作った作品などは、でき栄えと関係なく、やり遂げるまでの過程や子どもたちの心のあり方を認めて褒めること

○園の教育方針を全面的に信頼すること
○教育方針に反対するような言動・行動（批判や横柄な態度）をしないこと
○過保護過ぎ・放任過ぎにならず、子どもが自立できる子育てをすること
○園だよりなど、園から届く資料は必ず目を通して、情報を共有すること
○園内でも園外でも、節度やマナーのある行動をすること
○他の保護者への思いやりを持って「良好な関係」を構築すること
○子どもの健康管理に配慮して、無理をさせないこと
○子どもたちの喜びや感動を受け止めて、共に喜び感動できる親であること

やまびこ幼稚園には、保護者に協力してほしいことをまとめた「Yamabiko letter」という保護者向けの冊子があります。

「Yamabiko letter」
～幼稚園から保護者への大切なお願い～

Yamabiko letter

令和４年度　年間保存版

「One for all　All for one」

一人はみんなの為に　みんなは一人の為に

学校法人すずき学園
やまびこ幼稚園

〒811-3123
古賀市米多比 1111-1
TEL　092-946-3388

～　入園の前に　～

<基本的生活習慣を身に付けよう！！>
集団生活を行う上で、次のような習慣を身に付けられるよう、ご家庭でもご指導下さい。

1．食事の習慣
①食事の前には手洗い・うがいをしましょう。
②「いただきます」「ごちそうさまでした」のあいさつをしましょう。
③よく噛んで、こぼさず食べられるようにしましょう。
④食物の好き嫌いをしないように頑張りましょう。
⑤決まった時間内で食事が終わるようにしましょう。
⑥自分で食べることができるように頑張りましょう。

2．排泄の習慣
①排泄は朝の登園前に済ませましょう。
②自分でできるように頑張りましょう。
③用便後は、石けんで手を洗いましょう。

3．着脱衣の習慣
①衣服は出来るだけ自分で着脱できるようになりましょう。
　また、脱いだ衣服はたたむようにしましょう。
②靴の脱ぎ履きも自分で出来るようになりましょう。
　また、脱いだ靴は決められた場所にそろえて置きましょう。

4．清潔の習慣
①ハンカチ・ティッシュを持つ習慣をつけましょう。
②爪はのびていると危険です。常に切りましょう。
③髪の毛が長いお子様は、結びましょう。

5．整理整頓の習慣
①遊んだ後、遊具（おもちゃ等）は片付けましょう。
②自分のカバン、帽子等は決められた場所に置きましょう。

6．規律、礼儀の習慣
①「おはようございます」「さようなら」「ありがとう」「ごめんなさい」等、
　言えるようにしましょう。
②返事は、はっきり元気よく！！
③決められたお約束や時間を守れるようになりましょう。
④物は大切にしましょう。
⑤早寝・早起き・朝ご飯の習慣をつけましょう。
（幼児には最低１０～１１時間の睡眠が必要です。）

～　職員の質の向上　～

1．6月の平日に臨時休園を頂き、職員の指導力向上の為の研修を行います。
　その為、臨時休園とさせて頂きます。ご理解ご協力をお願い致します。
　但し、預かり保育は実施致します。
　研修の内容については、研修ブログで報告します。
2．春・夏・冬の長期休み期間中も定期的に園内・園外研修を実施します。

6

【2】やまびこ幼稚園では・・・

～　入園基準　～

1．本園の教育方針、園が定める諸規定やお手紙等を通じてのお願いなど、様々な約束事にご賛同いただける方を、入園基準としております。
　園と保護者の方の考えが異なる場合は、お子様に対して責任を負いかねますので、入園をお断りさせていただく場合があります。
2．入園後であっても園に対して過剰な異議を唱える・トラブルを起こす等の行為が見られた場合は、退園して頂く場合がございますのでご了承下さい。

～　子どもの成長を考えた保育の実践　～

1．おもいやりの「優しい心」困難を乗り越える「頑張る気持ち」を育みます。
2．毎日の継続を念頭に基本的生活習慣の徹底をします。（P6「入園の前に」を参照）
3．幼児期に適した運動遊びの実践を行います。（リズム運動・神経系の運動）
4．裸足・薄着の習慣を年間を通して実践し、強い身体づくりをします。
5．たくさん遊び、様々な経験と体験をします。
6．自然体験活動を通し、食の大切さ、命の大切さを育みます。
7．楽しい園生活が送れるよう工夫します。

～　保育時間　～

1．普通保育　Am10：00　～　Pm　2：00
2．午前中保育　Am10：00　～　Am11：00

～　登園・降園時間　～

1．登　園　　Am　8：30　～　9：30
　※歩きコースの方は、Am9：30迄に登園して下さい。
　※保育準備がありますので、登園時間をお守り下さい。
　※Am10：00を過ぎると、遅刻扱いとなります。
2．降　園
【普通保育時】　Pm　2：00　～　3：00
・バス降園　Pm　2：10　1便目出発
・お迎え時間　Pm　2：30　～　3：00
　お迎えのお部屋（ログ園舎）までお願いします。
【午前中保育時】　Am11：00　～　12：00
・バス降園　Am11：10　1便目出発
・お迎え時間　Am11：30　～　12：00
　お迎えのお部屋（ログ園舎）までお願いします。

※普通保育の時は、Pm1：30、午前中保育の時は、Am10：50前に降園した場合、早退扱いとなります。
※普通保育・午前中保育共に、お迎え時間を過ぎた場合は預かり保育料（￥600）が発生します。

4

【１１】子は親の鏡・親は子の鏡

1．親として態度、言動に気をつけましょう

①例えば子どもが挨拶できなかった時、「そのうちできるようになる」「挨拶くらいできなくてもいい」ではなく、挨拶の大切さをその都度教えてあげて下さい。挨拶はコミュニケーションの第一歩です。卒園まで子ども自ら挨拶ができるようになるよう私たち先生も導いていきます。また、親の姿を子ども達はよく見ています。「挨拶をしなさい」と口で言うより、保護者同士挨拶や会釈を交わすことが、子ども達の成長へとつながりますよ！

②園行事の際は、親として子どもに見られても良い態度で参加しましょう！

③根拠のない噂話は慎みましょう。影響を受けるのは子どもです。
疑問点があれば、園にご連絡ください。

※やまびこ幼稚園の保護者の皆様は、多くの方が気持ちの良い挨拶をして下さり、行事等でも積極的にご協力をして下さいます。子どもたちのため、また周りの方のために動いて下さること、とても嬉しく思います。今後も保護者の方と職員が気持ちの良い挨拶をし、共同して子ども達のための環境をつくっていけたらと思います。ご協力お願い致します。

2．教師は友達ではありません。節度ある関係を！

①子どもの前で教師や幼稚園の批判は慎んで下さい。子どもは見てますよ！

②必要以上にプライベートなことを聞かないでください。

③クラス会等、一部の保護者主体で開催する会に担任は参加致しません。
（園内で行われる場合は、この限りではありません）

④先生が何より嬉しいこと、それは子ども達の成長と保護者の皆様からの温かい言葉です。「頑張ってください」「応援しています」「ありがとうございます」そう言ってもらえるだけで、やる気になります！(単純です(*^^)v)

⑤個人的なSNSでのつながりを持つことはできません。（P３５参照）

3．ご意見・ご要望がある場合

①まずは、何でも担任の先生にご連絡ください。

②どうしても担任の先生以外に…といったことがあれば、学年リーダーまたは副園長までご相談下さい。

※担任の先生とコミュニケーションをとる事が、楽しい園生活の第一歩です。

※何度もお伝えしています通り、内容によって園が判断しますので、思い通りに行かない場合も当然あります。
幼稚園は集団生活の場です。冷静になり、自己中心的な意見や要望ではないかをまず考え、園との関係が悪くならないように言動や行動に十分ご注意ください。又、無記名のお手紙等、陰湿なことは絶対におやめ下さい。そのようなものには一切お答えしません。ご了承下さい。

大人の都合や価値観はそれぞれですが、幼稚園では「子どもが育つこと、子どもを育てること」に価値をおいて考えております。

共に、「幼稚園に関わる全ての人」が楽しい園生活を過ごせるようにしていきましょう。

36

【１２】おねがい

◎子育てに悩んだときには・・・

やまびこ幼稚園には、子育て中の先生や経験豊富な先生が沢山います。気軽に声をかけてください！悩みのない子育てなんてありません。話をするだけで楽になることもありますよ！一人で悩むより先生に相談してみては如何ですか！

◎熱や怪我の場合は・・・

①熱は３７．５℃以上の熱を出した場合はお迎えに来て頂きます。それ以外でも、保護者の方への連絡が必要と判断した場合はご連絡致します。

※朝、熱がある状態での登園はご遠慮下さい。子ども達のためにも、体調が悪い場合は休ませましょう。

※必ず連絡が取れる連絡先をお知らせ下さい。また、お迎えには出来るだけ早く来て頂きますようお願い致します。

※すぐにお迎えに来ることが出来ない場合は、森のぽかぽか保育園の病児保育をご案内させて頂きます。（P32参照）

②怪我は園内で手当てをし、程度によってはご家庭に連絡の上、病院へお連れします。

③「子どもが遊具等で怪我をする場合」もあります。その際、その遊具を撤去してほしい、改良してほしい等の要望にお応えすることはできません。
当然、不具合や修理等は行いますので、ご安心ください。

又、怪我をした際「先生の管理はどうなっているのか？」といったご意見があります。先生達はできる限りみております。それでも怪我をしてしまうのが子どもです。子ども達は怪我や失敗を重ね「自ら学ぶ」ことを知るのです。

尚、「怪我をさせられたから、あの子を退園させて欲しい」といったご要望は安易に受け入れることはできません。

※子どもには、怪我をする権利があります。子どもの筋肉や関節には柔軟性があり、そのため少々のことでは大怪我をしません。また、すり傷なども あっという間に治ります。能動的・活動的な遊びの中で、時には怪我をし、その経験の中で慎重さを身に付けたり、痛みを知ることで優しさ・思いやりの心が芽生えたりします。「小さな怪我は大きな怪我の最大の予防」です。
さらに、神経系運動機能（視覚・触覚等）の様々な感覚を働かせる中で、バランスを取りながら身体の発達を促します。時と場合によりますが、すぐに「危ない！」という言葉で子どもの冒険心や俊敏性が身につく機会を奪いすぎないよう見守っていきたいと思います。

保護者の皆様にも、ご理解頂きたく思います。

37

◎子ども同士のトラブルについて・・・

本園は農作業体験や神経系の運動遊び、外遊び等々、活発に取り組む教育方針です。その中で、子ども同士の喧嘩やトラブル、怪我等はつきものです。職員も子ども達の様子や環境には細心の注意を払いますが、思いもよらぬ行動をとってしまうのが子どもです。

「怪我をさせないでほしい」「喧嘩をさせないでほしい」「遊具を撤去してほしい」等々のご要望はお受けできません。

又、現代の子ども達には様々な経験が必要です。小さな怪我や喧嘩を通して、様々な体験を通して、人間関係や強い心が養われていくものです。

そして、その経験ができる場所が「やまびこ幼稚園」だと考えて下さい。

◎クラス分けについて・・・

子ども達一人一人のことを考え、様々なことを考慮して決めています。

例年進級時のクラス編成に関するご要望をお申し出になる方がいらっしゃいますが、子ども達の成長のために一番良いクラス分けを考えておりますので、ご要望を中心に組むことは致しておりません。

新しいクラスは、親も子も新しい仲間づくりの始まりです。「誰々と一緒がいい」「どの子がいい」「どの親がいい」というのではなく、新しいクラスで仲間を作り、楽しく過ごせるような環境を作って頂きたいと願っております。

※尚、小学校へ進学する際のクラス分けは、幼稚園で行う訳ではありません。
子ども達の進学人数や様子を小学校にお伝えすることはありますが、**最終決定は小学校にありますのでご承知置き下さい。**

◎子どもが園でのことを話してくれないときは・・・

環境の変化になれるまで時間がかかります。無理にこちらから聴こうとするとプレッシャーになりがちですので、やめましょう。個人差はありますが、生活習慣に慣れてくれば、自らお話するようになりますので、焦りすぎず、落ち着くまで待ちましょう。

◎泣いてバスに乗りたがらないときは・・・

子ども達にとっては、初めて保護者の方から離れる経験です。その変化はとても大きいものですから、慣れるまでには時間が必要です。これも個人差はありますが、環境に慣れてくれば落ち着きますので、気長に待ちましょう。

最初は保護者の方も戦いです！ご協力お願い致します。

38

◎おゆうぎ会の配役決めについて・・・

おゆうぎ会では、合唱・合奏、ダンスを発表します。それぞれが様々な役を担い、クラスみんなで取り組む姿、のびのびと表現する姿など、たくさんの成長が見られる行事の一つです。配役は以下のように決まっています。

①子ども達の希望を聞き、まとめる。

②同じものを希望する子が多い場合は、話し合いやくじ等で平等に決める。

③全てが希望通りにならない理由の話をする。等

おゆうぎ会という行事を通して、一所懸命頑張る気持ちやみんなで一つのものを作り上げる大切さを身に付けていって欲しいと願っております。

保護者の方からのご要望・ご意見は、基本的には受け入れておりませんので、ご承知置き下さい。

◎参観や行事のカメラ・ビデオ撮影について・・・

撮影して頂いて構いません。子ども達の表情をたくさん撮られて下さい！

但し、途中で話かけて子ども達の活動に支障をきたしたり、自分の撮影のみに集中し、周りの方のご迷惑になったりすることがないよう、十分ご配慮下さい。

※自分の撮影により手がふさがってしまうと、子ども達への拍手等ができなくなってしまいます。その時は他の保護者の方の出番です！！自分の子どもの時のみではなく、頑張る子ども達全員に大きな拍手をお願い致します！！

※園行事等で撮影した動画・写真等で、ご自分のお子様以外が映っているものをSNSに掲載することはご遠慮下さい。

子ども達にとって、幼稚園生活は初めての集団生活です。沢山のお友達と先生たちに囲まれ楽しい園生活を送ってほしいと思います。保護者の皆様におかれましては、様々な心配もあるかと思いますが、どんな出来事も貴重な経験です。保護者の皆様と先生達が共に子育てを楽しみ、幼稚園生活を楽しんで頂けると幸いです。

私たち職員は、子ども達のために精一杯頑張ります。どうぞご協力お願い致します。

39

レターの内容は、休園日・料金・服装・園に持ってくるもの、バス・給食・配布物や預かり保育・園との連絡方法など、園生活のルールと説明がほとんどです。園児の園生活のための園ハンドブックです。しかし冒頭にこのように書かれています。

◇本園の教育方針、園が定める諸規定やお手紙等を通じてのお願い等、「様々な約束事にご賛同いただける方」を入園基準としております。

◇入園後であっても園に対して過剰な異議を唱える・トラブルを起こす等の行為が見られた場合は、退園して頂く場合がございますのでご了承ください。

他にも保護者に理解してほしいことを、「子ども同士のトラブルは、さまざまな体験を通して人間関係や強い心が養われていくものであること」「クラス分けは子どもたちの成長のために一番良いクラス分けを考えていること」「おゆうぎ会の配役決めは一所懸命頑張る気持ちや、みんなでひとつのものを創り上げる大切さを身に付ける機会になるようにしていること」など、子どもの成長のために必要という視点から説明しています。

当然、これらの方針を理解せずに出される、配役を変えてほしい・ケガをしないように遊具を撤去してほしいなどの要望を受け付けることはできません。とにかく最優先は子どもの成長で、子どもたちが育つ園を保護者と協力して創ることを目指しています。

〈令和4年度のYamabiko letter〉

「One for all All for one」
ひとりはみんなのために　みんなはひとりのために

○教師は友だちではありません。節度ある関係を

○子どもの前で教師や幼稚園の批判は慎んでください。子どもは見ていますよ！

○先生が何より嬉しいこと、それは子どもたちの成長と保護者の皆さまからの温かい言葉です。「がんばってください」「応援しています」「ありがとうございます」そう言ってもらえるだけでやる気になります！（単純です）

○「子どもが遊具などで怪我をする場合」もあります。その際、その遊具を撤去してほしい、改良してほしいなどの要望にお応えすることはできません。当然、不具合や修理などは行いますので、ご安心ください。

○怪我をした際「先生の管理はどうなっているのか?」といったご意見があります。先生たちはできる限り見ております。それでも怪我をしてしまうのが子どもです。子どもたちは怪我や失敗を重ね「自ら学ぶ」ことを知るのです。なお「怪我をさせられたから、あの子を退園させて欲しい」といったご要望は安易に受け入れることはできません。

※この後、「子どもには、怪我をする権利があります」という文章が続き、「能動的・活動的な遊びの中で時には怪我をし、その経験の中で慎重さを身に付けたり、痛みを知ることでやさしさ・思いやりの心が芽生えたりします」とあります。最後は「時と場合によりますが、すぐに「危ない!」という言葉で子どもの冒険心や俊敏性が身に付く機会を奪い過ぎないよう見守っていきたいと思います。保護者の皆さまにも、ご理解頂きたく思います」と記されています。

「Ｙａｍａｂｉｋｏ　ｌｅｔｔｅｒ」からは、子どもたちの成長（特に将来の幸せを支える生きる力を育てること）が最も大事で、保護者と協力して子どもが成長できる園を創りたいという願いが伝わってきます。

中でも、個人的にステキだなと思ったのは、

「やまびこ幼稚園には子育て中の先生や経験豊富な先生がたくさんいます。子育てに悩んだ時は、気軽に声をかけてください！悩みのない子育てなんてありません。話をするだけで楽になることもありますよ！一人で悩むより先生に相談してみてはいかがですか？」という文章です。

数行のメッセージですが、この言葉で救われた気持ちになる保護者は多いだろうなと思いました。お互いに対等で、しかし敬意ある人間関係は、人が集まりたいと思うステキな空間を創り出します。

ステキな人間関係を構築できるように、大人になっても人間性を高めることにチャレンジすることが大事だなと、やまびこ幼稚園の「Ｙａｍａｂｉｋｏ　ｌｅｔｔｅｒ」を読んで思いました。

「保護者との関係づくりは、入園前から始まる」

コンサルタントとして全国のさまざまな園を見ていると、入園に思いがなく「家が近いから、料金が安いから、いろいろ便利だから」など、利便性の高い運営内容が入園理由になっている場合があります。入園理由が運営内容の利便性になると、幼稚園をサービス業と捉え「あれがない、これがない」「ああしてほしい、こうしてほしい」などの要望が多くなる傾向があります。

サービス業はサービスに不備があるとクレームになります。園側に落ち度があり今後気を付けることで、より良く園が発展していくような建設的なクレームであればいいのですが、自己都合から要求されるものが多く、園側も困ってしまうクレームが多い現実があります。園を学校ではなくサービス業と捉えた上に、全く園を信頼していないから起こるクレームです。

対等でお互いに敬意のある良い関係を実現するために、やまびこ幼稚園の保護者との関係づくりは入園前から始まります。やまびこ幼稚園の教育方針を理解・賛同し「やまびこ幼稚園で共に我が子を育てたい」という思いを持って入園して欲しいからです。この思いがないと、保護者と連携して子どもが育つ園をつくることが難しくなるとやまびこ幼稚園は考えています。

「幼稚園でともに我が子を育てたい」という思いを持って入園して頂くために、大きく門戸を広げて、できるだけ早い年齢から、できるだけ多くの子育て中の家族と出会えるようにしています。やまびこ幼稚園の未就園児活動は、1歳から4歳の子どもが親と一緒に参加する「ひよこくらぶ」と、1歳から満3歳の子どもが親と離れて先生・友だちと園で過ごす「たけのこぐみ」です。

両方とも、地域の未就園児（まだどこの園にも入園していない子）がやまびこ幼稚園と関わる良い機会になっています。特に「たけのこぐみ」はとても人気で、年間の利用者数が80人を超えるときもあります。

やまびこ幼稚園としては、たけのこぐみがあることで、早い段階（子どもの年齢1歳）で、密接に子育てを支えながら関わることができます。保護者にとっては、子どもの成長を園から教えてもらい、子育ての不安・悩みを解消しながら子育てが楽しくなる機会になっています。

〈たけのこぐみ〉

【目的】

子育て支援の一環として、未就園児対象としてできたクラス。集団生活に慣れ、基本的生活習慣を身に付けていくことや、自然環境の中でたくさん遊びながら感性を育てること、お友だちや保育者と関わる楽しさを味わうこと、体操などで強い身体づくりをすること、そして幼稚園進級までの準備を目的とした保育を行う。

【要項】

○対象　歩行可能で離乳食が終わった1歳〜満3歳児

○保育時間　【午前中コース】ＡＭ８：30〜１２：30

【１日コース】ＡＭ８：30〜１５：30

※土日祝日、夏季・冬季休園日（お盆と年末年始）、園が定めた日は休み

○料金

入園料　２５０００円

保育料　週１回コース　８０００円

週２回午前中コース　１００００円

週２回コース　１３４００円

週３回コース　２００００円

週４回コース　２５０００円

毎日コース　３００００円

※別途徴収の料金あり（給食費や必要な雑費など）

○預かり保育

Ａ（ＡＭ７：30〜８：30）４５０円

Ｂ（ＰＭ３：30〜６：30）６００円

子どもを必要に応じて預ける一時預かり保育の仕組みですが、幼稚園の園児と同様に、子どもの成長を第一に考えています。幼稚園への進級を目的として、登降園の準備（バックや水筒・昼食セット・連絡帳・シール帳など）と、私服ですが服装の指定があり、慣らし保育などがあります。

やまびこ幼稚園は、家庭と保護者のあり方を示しつつ、積極的な情報発信と保護者会他のコミュニケーション、そして入園前のできるだけ早い段階で関わる未就園児活動によって、園の教育方針に理解賛同した保護者と対等な関係を構築しています。

その結果として、やまびこ幼稚園には、人にやさしく明るく前向きに、楽しく生きる大人（保護者・職員）が集まってきます。

やまびこ幼稚園の基本的な考え方は「楽しくなければ幼稚園じゃない」です。子どもの将来の幸せを考えて、保護者と連携する子どもが育つ幼稚園をみんなで楽しく創っています。

第4章　やまびこ幼稚園の「先生」へのこだわり
～生きる力を育てる教育

幼児教育は「知識及び技能の基礎」「思考力・判断力・表現力等の基礎」「学びに向かう力・人間性」を育てます。

※幼児教育で育つ3つの力（文部科学省の資料より）

「知識及び技能の基礎」

遊びや生活から生まれる豊かな体験を通じて、感じて気付き、発見して理解して、何かができるようになる力の事

「思考力・判断力・表現力等の基礎」

遊びや生活の中で気付いたことや、できるようになったこと等を使いながら、考え、試し、工夫

し、表現する力の事

「学びに向かう力・人間性」

前向きな心情・意欲・態度を育てながら、よりよい生活を営み、よりよい人生を歩く力のこと

やまびこ幼稚園には年間を通して取り組む活動（リズム、乾布摩擦など）が複数あるので、先生は子どもたちの状況に応じた環境を整え教育計画を立てて園児と関わります。特に根っこ教育においては、やまびこ幼稚園の自然環境（四季の変化など）を先生が理解して、自然の変化を子どもが発見し、興味・関心を持てるように関わる必要があります。

小学校教育につながる「数」や「文字」への関心理解についても、子どもが自ら興味を示す環境を整えて、年少から段階を踏んで関われるようにしています。その段階を経て、年長で音読・ひらがな書きに取り組みます。

絵画もさまざまな技法を取り入れていますが、それは様々な絵（経験画、観察画、自由画、想像画など）に挑戦できるようにするためです。子どもたちが無理なく頑張れるように、学年ごとに描く枚数などの計画を立て、子どもの表現力を最大限に引き出す工夫や配慮をします（行事の際は、

子どもたちが描いた絵の説明文を先生が書いて、保護者が子どもたちの成長を理解できるようにしています)。

他の教育活動においても、常に子どもたちの状況を把握して、状況に応じた計画を立てています。計画通りにいかないこともあるので、そのときは臨機応変に対応する力が求められます。

情熱溢れる先生が思いを持って、子どもとたくさん関わることで子どもたちの生きる力が育ちます。子どもの成長を知って家族が幸せになり、家族の幸せが地域に広がり、新たに「やまびこ幼稚園に入園させたい」という思いが生まれます(口コミの拡大)。

子どもたちが幸せになるために必要な、生きる力を育てる教育を実践するのは先生です。正直誰もができるわけではありません。なかなかうまくいかず退職される先生もいます。

退職はとても残念ですが、子どもたちの生きる力を育てることが やまびこ幼稚園の役割なので、生きる力を育てる教育ができる先生にこだわり続けます(先生へのこだわりを捨てて、やまびこ幼稚園の教育ができなくなったら、やまびこ幼稚園の存在意義がなくなります)。やまびこ幼稚園の先生に求められることはシンプルです。

「子どもたちのお手本にならない行動はしないこと」です。

〈やまびこ幼稚園の職員として守ってほしいこと〉

○幼稚園の名誉を重んじ、職員としての品位を保つこと
○園長の職務上の指示に忠実に従うこと
○常に幼児の安全に心を配り、危険の防止に努めること
○服装は職員としてふさわしいものを着用し、言語、動作は慎み深くすること
○園外においても、「幼稚園の先生」であるという自覚を持つこと
○時間と約束とルールを守ること（みだりに欠勤、遅刻、早退し迷惑をかけないこと）
○保護者には礼儀正しく節度を持って接すること（個人的なやりとりを行わない）

〈子どもたちの生きる力を育てるために守ってほしいこと〉

○私語を慎み子どもと関わる時間を大切にすること
○連絡事項は的確に、手短に伝えること

○子どもの手本となるような言葉遣いや声掛けをすること
○俊敏にテキパキ行動すること
○子どもの名前はきちんと呼ぶこと（呼び捨て、あだ名では呼ばない）
○戸外遊びでの保育者の配置は、園庭の危険な場所に必ず分散すること
○積極的に子どもの意見に耳を傾けること
○いかなる場合でも冷静に対応する、感情的にならないこと
○遠くから声をかけず、子どもの側へ行って声掛けをすること
○メモを取る習慣をつけること
○離合集散を徹底すること
○遊具を定期的にチェックし、子どもたちが安全に使用できるように管理すること
○保育準備は基本的に前日までに終わらせること

〈楽しい職場、働きやすい職場にするために守ってほしいこと〉

○不平不満や陰口を言わないこと
○お互いの良い所を褒めあうこと
○協力・助け合いの心を持つこと（自分さえよければではなく、手伝う気持ちを持つ）

○全体で仕事をするときは、速やかに集まり、時間を守ること
○リーダーを決めて段取りを描いて行うこと
○定期的にレクリエーションを行い、職員間の仲を深めること
○積極的に行動すること
○負の感情は顔に出さないこと
○互いに感謝の気持ちを持ち、「ありがとう」という気持ちを伝えること
○人としての常識を考え、園・相手・自分にとって不利益になることはしないこと
(園内において宗教上の言動は絶対にしない、職務上の園の内情は口外しない)

やまびこ幼稚園には、「守ってほしいこと」を具体的に示す行動指針があります。行動指針である「常識十か条」を意識して仕事をすることで、やまびこ幼稚園の先生としてグングン成長することができます。

〈やまびこ幼稚園職員の常識十か条〉

一. 子どもたちを成長させる(プロセスを重要視。成長させることが仕事である)

二．先生である事を自覚する（お手本になる）
三．仲間を大切にする（陰口、噂話は絶対に許さない＆人に迷惑をかけない）
四．常に機敏に行動する（動き出しの三歩は小走りする）
五．教えて頂ける事をあたりまえと思わない。必ず恩返しをする
六．報告・連絡・相談の徹底
七．園長・副園長・先輩の意見は自分が成長するためのチャンスと捉え、素直に受け止めて聞き入れること
八．常に元気に明るく、笑顔の挨拶にベストを尽くすこと（やまびこ幼稚園の先生である以上、子ども達の前で辛い表情を出さない）
九．職員同士が注意し合える緊張感をみんなが持つこと
十．どんな時も（保育・レクレーション他全てに）常に本気で取り組む

やまびこ幼稚園の理想の先生を育てるために、「常識十か条」を意識しながら、主任や先輩が各職員の長所を見つけて、長所が伸びるようにアドバイスをしています。

「やまびこ幼稚園の理想の先生を育成するために」

1．人と人が関わる場を設けて、現場の知と経験を全員で共有する

やまびこ幼稚園では、質の高い教育と保育を実現するために、職員一人ではなく複数で協力して仕事をします。協力して仕事ができるように、孤立させず職員同士の交流が生まれる職場を整備しています（集まれる職員室、職員室で仕事ができる環境と仕事の流れの設定、研修やミーティングの計画と実施など）。

他にはない取り組みとして、やまびこ幼稚園含むＳＵＳＵＫＩグループ内の連携による職員育成があります、

※ＳＵＳＵＫＩグループ（学校法人すすき学園と社会福祉法人未来福祉会）…地域のすべての子育てと教育・保育を支えるために、幼稚園以外に認定こども園や保育園、発達支援事業所などを同地域に複数展開する。

グループ内で連携することで、急に職員が休みになったなどの緊急時に、職員の相互補完が可能となり、常に安定した教育・保育を提供できます。また、それぞれの施設の専門性を活かした園同

士の交流やグループ内研修によって、勤務園以外の知識や経験を職員は共有することができます。

特に2015年に開設した発達支援事業所「はじめの一歩」によって、特別な支援を必要とする子どもたちと専門性の高い職員が関わるようになり、幼稚園のクラス運営が安定し、すべての子ども（支援が必要な子と支援が必要でない子）の成長を安定して支えることができるようになりました。やまびこ幼稚園の職員も専門的な知識を学び経験を積むことができるので、教育の質向上につながっています。

発達支援事業所「はじめの一歩」

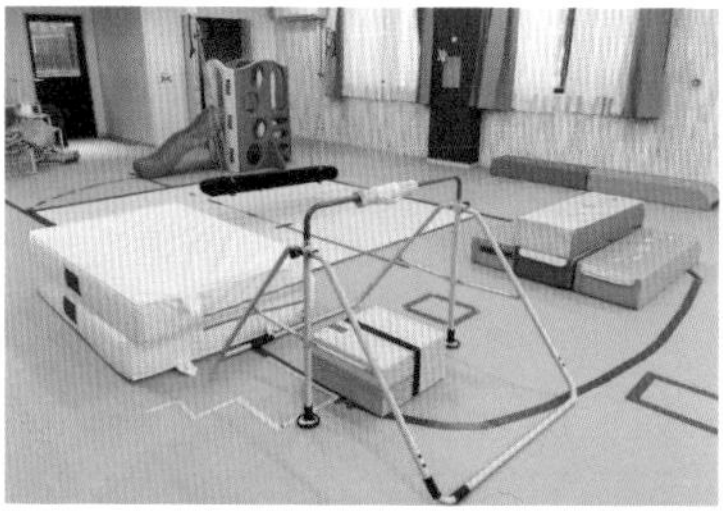

2.良い採用を実現する（良い採用＝やまびこ幼稚園の理想の先生になれる人を採用）

やまびこ幼稚園の先生へのこだわりは採用段階から始まります。積極的に養成校と関わり（実習生受入や学校訪問など）、やまびこ幼稚園の情報を養成校や地域に発信して、できるだけ多くの職員候補者と出会えるようにしています。

①リクルート活動 ……リクルーターを設定し、養成校訪問・園見学会を実施。
※リクルーター＝採用活動を担当する職員
②養成校訪問 ……授業の1コマを頂き、園紹介をする。
③幼稚園見学会の実施 ……養成校の学生を招き、園を見てもらう。
※バスツアーを企画して、ひとつの学校から複数人で園見学に来る取り組みもしています。
④グループ園での採用フェア ……SUSUKIグループ（幼稚園・保育園など）合同の採用フェアを、独自に会場を借りて開催。
⑤ノベルティプレゼント ……園オリジナルのメモ帳やボールペンなどを配ることでファンづくりを実施（園のことを少しでも好きになってほしいという「思い」です）。

⑥包み隠さず話す　……待遇面・人間関係・職場環境など、すべてをオープンにして相手に伝えます（やまびこ幼稚園の教育ができる職員になるために必要なことも）。

園業界全体で幼稚園教諭・保育者が不足して採用難になっているため、やまびこ幼稚園も教育実習生や採用試験受験者について人数が多い年少ない年があり、数字的な状況は毎年さまざまですが、採用倍率としては毎年2倍くらいで推移しています（採用倍率2倍＝採用予定人数の2倍くらいの応募がある）。

やまびこ幼稚園の教育は誰でもできるわけではないので、現場の配置人数が足りない場合でも不合格になることがあります。逆に、やまびこ幼稚園の教育ができる（できるようになる素質がある）と判断した場合、現場の配置人数が足りていても採用します。生きる力を育てる教育ができる先生が必要だからです。

一方で配置人数を満たすことも実現しないといけないので、養成校や地域への情報発信で、できるだけ多くの職員候補者（学生など）との出会いを実現し、多くの職員候補者から選んで採用できる状態を目指しています。

3．成長の機会を提供する

採用した職員には、先生として必要なことをすべて教え、「生きる力を育てること」ができるようになることを徹底してサポートします。人として・社会人として・教育者としてのあり方の教え、業務マニュアルと必要な業務経験の提供、勤務後の定期的な研修&個別フォロー、園長・主任・リーダーとのコミュニケーション・面談の機会など、人材育成に力を入れています。

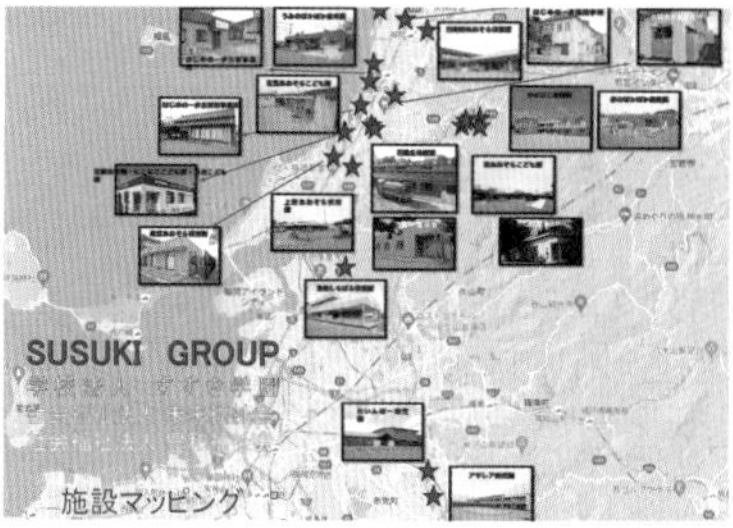

職員マニュアル

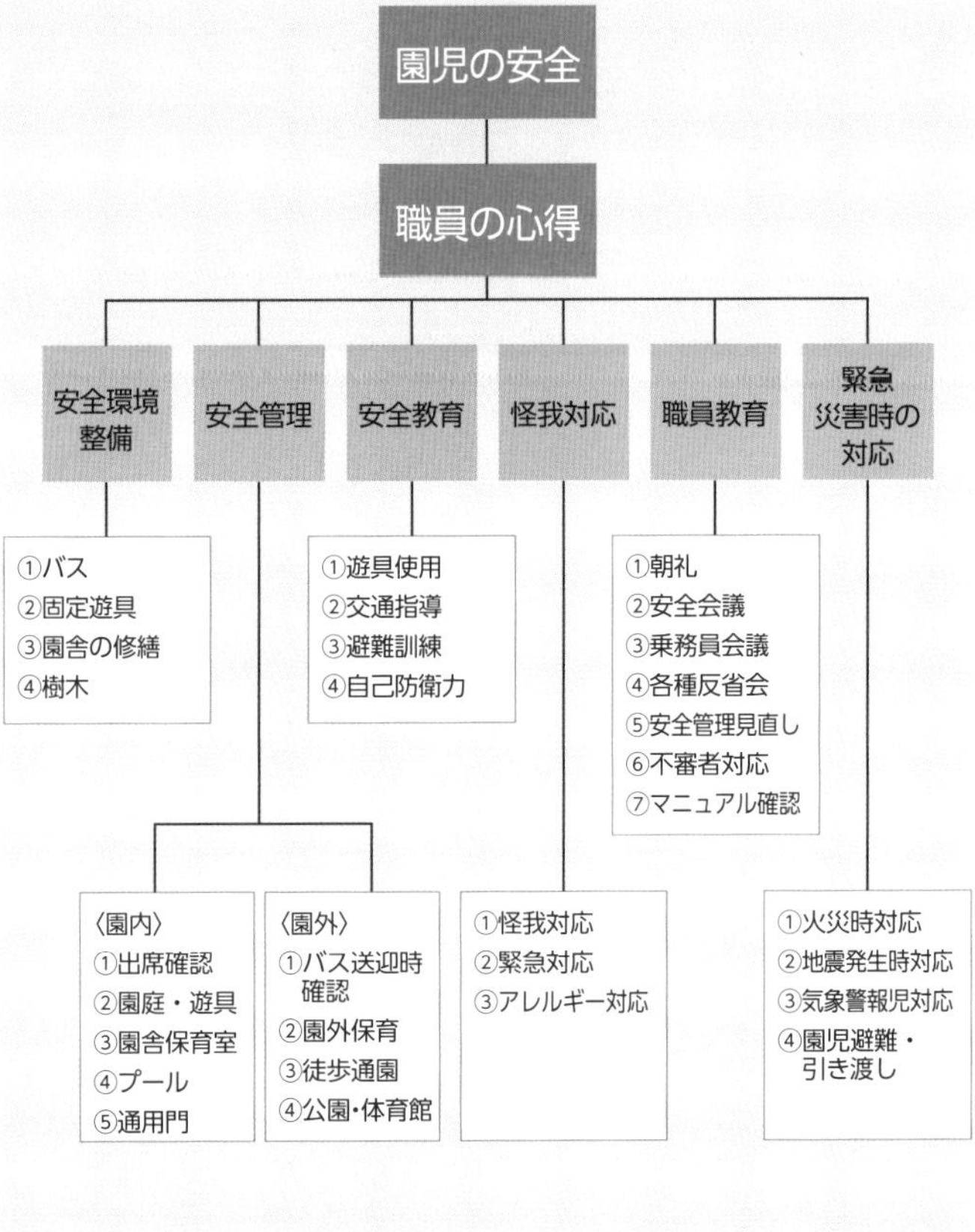
園児の安全
職員の心得
安全環境整備
安全管理
安全教育
怪我対応
職員教育
緊急災害時の対応
①バス
②固定遊具
③園舎の修繕
④樹木
①遊具使用
②交通指導
③避難訓練
④自己防衛力
①朝礼
②安全会議
③乗務員会議
④各種反省会
⑤安全管理見直し
⑥不審者対応
⑦マニュアル確認
〈園内〉
①出席確認
②園庭・遊具
③園舎保育室
④プール
⑤通用門
〈園外〉
①バス送迎時確認
②園外保育
③徒歩通園
④公園・体育館
①怪我対応
②緊急対応
③アレルギー対応
①火災時対応
②地震発生時対応
③気象警報児対応
④園児避難・引き渡し

○職員マニュアルの整備

基礎的な仕事を早くできるようにするために、業務ごとにマニュアルを作成しています。ただし、マニュアルに依存して言われたことしかできない職員にならないように、マニュアルは最低限のこととして、マニュアルを超えた質の高い教育・保育を考えて実行できるように指導しています。また、一人ひとりの職員が知る現場情報を、システム（ライン活用）で即時適時に共有できるようにしています。

○経営方針発表会

年度末に全員で集まり、園長先生より発表される新年度の経営方針と目標を職員全員で共有します。会の中で、職員一人ひとりの園児の成長への思いを確認します（やまびこ幼稚園の組織は、思いを持った職員で構成されます）。

○職員研修

全員及び、経験年数や役職・勤務条件に応じて実施する研修を、内部外部で企画して、一人ひとりのキャリア形成を支援しています。

〈やまびこ幼稚園の研修実施例〉

◎外部講師を招いた研修

◎年に一度、平日に園を休園して他園を視察する研修

◎ワールドカフェ形式の研修（意見交換、思いを共有する）

◎危機管理研修、新人研修、保育技術向上研修

採用から始まる人材育成によって、やまびこ幼稚園のステキな先生が育ちます。

〈やまびこ幼稚園の先生〉
「明るく・やさしく・強く生き、子どもたちと全力で向き合い、変化できる」

○やまびこ幼稚園が好き！
○やまびこ幼稚園の教育で子どもを育てることに情熱がある！
○いつも全力・本気で子どもたちと向き合う！
○幼児教育の知識及び技能、思考力・判断力・表現力について学び続ける！
○家族と友だち・仲間を大切にしている！
○子どもたちの、考え工夫して行動する力を引き出すように関わる！
○子どもたちに必要な教育環境と活動を常に考えて創造している！
○子どもたちの感じる力を育て、子どもたちの身体・心の成長を発見できる！
○常により良くなることを探求し、自分自身を変化させることができる！

やまびこ幼稚園のステキな先生方の「思い」を紹介します。

～職員　辻　久美子先生の言葉

「学ぶ姿勢・素直な心・感謝の気持ちを忘れずに成長し続けられる先生でありたい」

私が年長のときに担任だった先生に憧れて、姉妹園である花鶴丘幼稚園の先生を目指していました。しかし、当時の薄一秀理事長兼園長先生にお声かけ頂き、やまびこ幼稚園でも実習することになり、心が成長する自然に囲まれた環境に魅力を感じ、やまびこ幼稚園の先生になりました。

実際に就職してからは、園長先生の子どもたち・職員に対する熱い思いを知ることができ、それに応える先輩先生に憧れを持ちました。そして先輩に負けないリーダーになり、園長先生の思いに応えたいという新たな夢ができました。やまびこ幼稚園と出会い、たくさんの方と出会い、日々学ばせて頂けることに感謝です。

私には特別得意なことがありませんが、やまびこ幼稚園の先生であることに誇りを持ち、どんなことにも情熱を持って取り組むようにしています。時折思うようにいかず悩むこともありますが、私自身も子どもたちからたくさんのことを学ばせてもらっているのだと感じます。

やまびこ幼稚園の「根っこ教育」は、特別なお勉強や運動などのカリキュラムはなく、遊びの中から学び、将来花が咲く子どもたちの土台をしっかりつくる心の教育です。そして、やまびこ幼稚園には「根っこ教育」を可能にする自然環境がいっぱいあります。ふと顔を上げれば見渡すことができる雄大な山と広大な田んぼ、子どもたちが思い切り走り回れる広い園庭、四季を感じることができる敷地内のさまざまな木々。素晴らしい環境で私も大好きです。

この環境と教育をベースに、情熱を持って真剣に関わっていくことが、子どもたちの将来のためになると信じています。心のあり方を子どもたちに伝えながら一緒にたくさんの経験・体験をして、心の成長をたくさん感じることができることは本当に幸せです。

素直な心・思いやりの心・頑張る（努力する）心・挑戦する心・人に尽くせる心・自分も大切にする心…子どもたちがたくさんの心を大切にする強い根を張った人に育ち、夢を持ち続けて挑戦し、たくさんの実をつけて、たくさんの花を咲かせる人になってほしいと思っています。

そのために私自身が学ぶ姿勢・素直な心・感謝の気持ちを忘れずに成長し続けられる先生でありたいと思います。また、園長先生・副園長先生・仲間（同僚）の思いを大切にして、私にできることを考えて実践する先生でありたいです。常に全力で、たくさんの大切な心を子どもたちに伝えていきます。

～職員　本田　裕球幸（ゆみこ）先生の言葉

「やまびこ幼稚園に関わるすべての人が幸せであるように、大きな温かい愛で子どもたち、保護者の方、先生方を包みたい」

経営方針発表会で、前理事長の薄一秀先生から「保育で大切にすることを漢字一文字で表すなら何か？」と尋ねられたことがあります。私の思い浮かべた漢字は『温』で、薄先生も『温』でした。薄先生と同じことを嬉しく感じるとともに、『温』は私の中で軸となる一文字となりました。

やまびこ幼稚園を初めて訪れたとき、やまびこ幼稚園の子どもたちがとても魅力的でした。生き生きした姿を見て、私自身の経験や知識を伝えることで、できないことをできるようになる達成感や喜びを、一緒に感じることができたらうれしいなと思ったのです。

そして、やまびこ幼稚園で働くことを決めたのですが、今は「温」という言葉を軸に、やまびこ幼稚園に関わるすべての人が幸せであるように、大きな温かい愛で子どもたち、保護者の方、先生方を包みたいと思っています。

のびのび元気なやまびこキッズ、温かく見守って下さる保護者の皆さま、『子どもたちの為』になるようにと常に情熱を持っているプロの先生方が私は大好きです。大好きな人たちと一緒に、緑いっぱいの自然に囲まれながら農作業体験をし、やまびこ幼稚園独自の保育活動ができて本当に幸せです。

勤続15年目になりました。これまでの経験を活かしながらさまざまな体験をともにして、子どもたちと保護者の皆さまに寄り添える先生でいたいと思っています。また、驕ることなく素直に学び続け、自分自身を成長させながら、やまびこ幼稚園で学んできた知識や伝統を後輩の先生に伝えていきたいと思っています。

やまびこ幼稚園の子どもたちが、自分の得意なことを知り、苦手なことも諦めることなく、相手の気持ちを思いやれるような心が強くやさしい大人になっていたら、とてもうれしいです。子どもたちが、自分のことも相手のことも大切にできる人に育つように支えていきたいと思います。

～職員　深田　輪子（わこ）先生の言葉
「夢を持ち続け、夢に向かって一生懸命になれる人に育ってほしい！」

新聞の折り込み広告で見つけた、すすき学園の学童職員募集に応募したのをきっかけにやまびこ幼稚園と出会いました。面接をした時は既に、学童職員は別の方に決まっていたため、やまびこ幼稚園の事務はどうかというお話を頂き、就職することになりました。

幼稚園希望で就職していないこともあり、薄秀治園長先生から「すぐにやめそう！」と言われていました（笑）。しかし、園の教育方針に共感したことはもちろん、園長先生と副園長先生のお人柄、仕事内容の充実とやりがい、一緒に働く仲間、そして出会う保護者の方や子どもたちの笑顔…様々なことが重なり、気が付けば、産休なども含めて今年で１５年目になりました。折り込み広告から始まった縁に感謝しています。

子どもたちの先生として大事にしていることは、「誠実さ」と「感動」です。まず、何事にも誠実に取り組みたいと思っています。子どもに対しても、仲間や保護者の方に対しても、常に誠実に向き合っていれば、それが伝わると思っています。

そしてもう一つは感動です。以前研修で「人が感動するときは、自分の想像を超えた時」と学びました。相手の想像を超える仕事をして、周りの人を感動させたい！と思っています。例えば、想像よりも速い、想像よりも丁寧、想像もしていなかった仕事をして、仲間や保護者の方、来園した方を感動させることが私の使命だと思っています。

幼稚園の仕事は、全て人間関係。誠実さや感動が信頼を生み、その信頼が土台にあってこそ、充実した保育ができ、子どもたちの成長につながると思います。

職員として大事にしていることは、「縁の下の力持ち！」であり、人と人、人と園をつなぐことが出来る媒体役としての役割を果たすことです。

例えば、

○園長先生の想いを先生たちに伝えて、園長先生と先生をつなぐ

○保護者の方からの連絡事項を、正確にそして時にプラスαのことを伝えることで、保護者の方と先生をつなぐ

○より分かりやすい手紙・メール・動画などで、保護者の方と幼稚園をつなぐ

○入園前の方に丁寧に園のことを伝えることで、園と人をつなぐ

○先生方へより適切な情報共有をすることで、先生と先生をつなぐ
さまざまな形で人と人、人と園をつなぐことができる職員になり、縁の下の力持ちになりたいと
思っています。

開園当初から比べると園児も職員も増えました。最近では、コロナ禍で思うように保育や行事ができませんでした。状況や環境は常に変化していきます。やまびこ幼稚園は、そういった時代や状況に応じて自らを変化させる柔軟性と、「子どもたちを成長させる」「今、経験させたいことがある」「根っこを育てる」「全ては子どもたちの為に」といった本質はブレない強さがあり、常に今、できるベストを考えて実践しています。この本質がブレないということは、保護者の方にとっても安心できることだと思います。

コロナ禍で、保護者の方が来園する機会が減り、母の会やオヤジーズなどもなかなか活動できませんでした。保護者の方と園が交流する機会が減ったことは残念でしたが、それでもお会いした時には「やっぱりつながっているな」と感じることができる絆があります。そんな人との出会いがあり、つながっていけるこの職場が大好きです。

やまびこ幼稚園は「携わる全ての人が幸せになる幼稚園」を目指し、「根っこ教育」を実践しています。卒園児さんが幼稚園の先生を目指して実習生として帰ってきてくれた時のキラキラした目や、親になって保護者として帰ってきてくれて愛情いっぱいで我が子を見ている目を見ると、開園２０年目を迎えて根っこ教育の成果を目に見える形で返してくれていると感じています。夢を持ち続けられる人。夢に向かって一生懸命になれる人。幸せを感じられる人生を歩む力のある人に育ち、日々幸せを感じることができる人になって欲しいなと思います。

子どもたちの成長と家族の幸せによって先生の思いが強くなり、高い志を持って教育の質向上に取り組みます。そして子どもたちがまた成長します。

「子どもの成長→保護者の喜び→先生の志→教育の質向上→子どもの成長……」

このサイクルが回ることで、やまびこ幼稚園が磨かれて輝き、「遠くまでわざわざ通ってくる幼稚園」が生まれました。その原動力は、情熱と思いと志を持った先生たちです。思いを持った先生が子どもたちと全力で関わって生きる力を育て、その経験と知を他の先生に伝えていくことで、また一人また一人と、子どもたちの生きる力を育てる教育ができる先生が育っていきます。

第5章　理念（役割と思い）を実現する園経営

最近は社会の変化が激しく、また変化のスピードが速いです。今後、少子化はまだまだ進みます。少子化は園児だけではなく職員にも影響し、教員・保育者になる人も減っていきます。共働き世帯がほとんどの社会になるとは誰も思っていませんでした。しかし、いかに社会が変化しようと、園は子どもたちに教育と保育を提供する役割を担い続けます。

現代の園経営は園のお客さまを社会と捉え、よりよくなっていくために社会が求めるニーズに応える必要があります。例えば共働き世帯が増えていれば、預り保育などを充実させていく必要があります。それをしなければ、子どもを通わせたいと思っても、現実通わせられないからです。園児がいなければ始まらないし、先生がいなければ役割を果たすことができません。園に子どもが通えないことは教育を提供できないことになり、よりよい社会づくりにマイナスです。園経営は、園児と職員がいることで成立します。

社会のニーズに応じた園児の受入体制は、コンビニエンスストアやスーパーマーケットで言えば生活必需品のようなものです。揃っていないと困るものです。しかし、生活必需品で他の園との違いを明確にするのは難しいです。「安さ」で勝負する園もありましたが、保育料無償化が始まってからは、料金の安さで他園との競争に勝つことは難しくなりました。他園との違いを出せるのは「教育」です。

教育も、もちろん必需品ではありますが、私学においては嗜好品のような役割も担います。他園との違いを出すこともできるし、違いがわかるから相手（保護者・職員）も我が子・自分にとって良い園を選ぶことができます。受入体制でファンを創ることは難しいですが、教育なら独自性を出しながらファンを創造することができます。

私学の園経営はできるだけ大きなマーケットを狙って、園が存在する地域社会のニーズに応える園児の受入体制を整え、教育の独自性を明確にすることで、園児が入園してきます。例えば幼稚園なら、増えている共働き世帯も対象にし、働いていても安心して我が子を通わせることができる体制（預り保育）を整えて、自園の教育特徴を明確に打ち出すと、「入園したい」と園児が集まってきます。

採用も同じです。大きいマーケット（例：学生が多い学校）、社会のニーズに応えた職場（労働時間（勤務時間・休暇）・人間関係・給与で安全安心に働くことができる・結婚出産しても辞めなくてよい・自分が成長できる職場）を整えて、自園独自の教育を打ち出すことで、「ここで働きたい」「この教育をやってみたい」という職員が集まってきます。

「役割を担い、役割を果たし続ける」

もうひとつ大事なことがあります。「役割」です。そもそも、あなたの園は何のために教育をするのでしょうか? 園の役割は、大切な子どもたちをしっかり育てて、また社会に戻すことです。園は幼児教育を提供することで、幸せな人生を自分で歩くことができる子どもたちを育てています。

卒園児を輩出し続けることで学園のブランドが生まれます。学園ブランドは「この地域の幼稚園といったら○○幼稚園」だよねという暗黙の了解であり口コミを拡げます。大きいマーケット・社会のニーズに応える園児の受入体制・ファンを創造する独自の教育に、役割を果たし続けた結果生まれる学園ブランドが加わると人気園になります。

大きいマーケット
独自の教育
社会ニーズに応える
園児の受入体制
学園ブランド
役割を果たし続けることで創造される

「そこに役割はありますか？思いはありますか？」

園経営において多機能化という考え方があります。

〈園の多機能化〉

今後も出生数が減少する予測から、今までと同じ体制で園児数を維持することは難しくなります。1学年の園児数が減少することを前提に、園児の受け入れ体制を変える園が全国で増えるでしょう。空いたスペースを使って、幼児教育機能に様々な保育機能を付加します。

幼児教育以外の子育てを支える保育機能を増やし、ひとつひとつの保育機能を利用する人数は少ないが、利用する人数トータルで見ると多くの園児が在籍する「多機能少人数型」の園が出てくるでしょう（やまびこ幼稚園は他の事業所も含めたグループで多機能化を実現しています）。

多機能少人数型の園の例

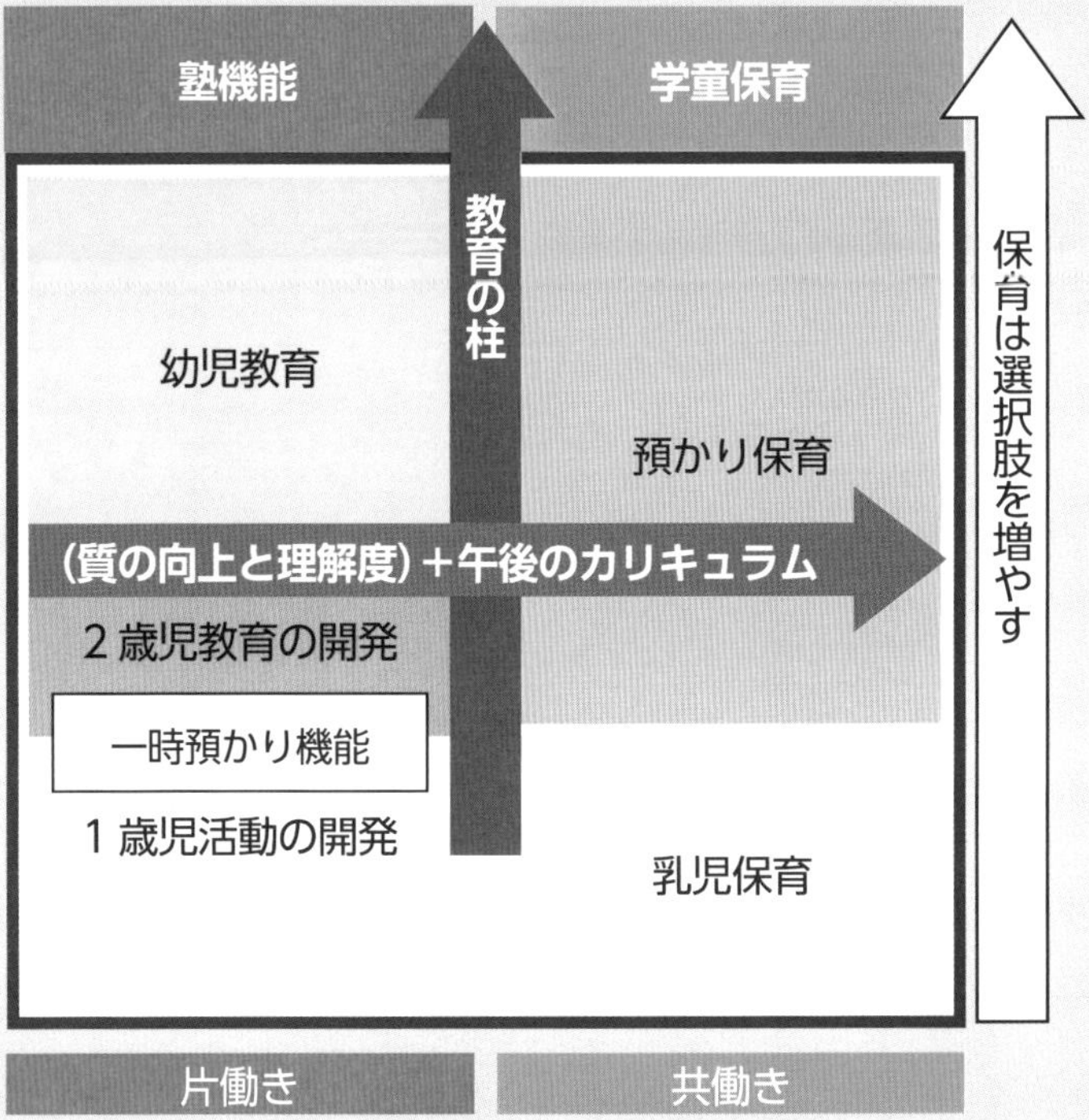

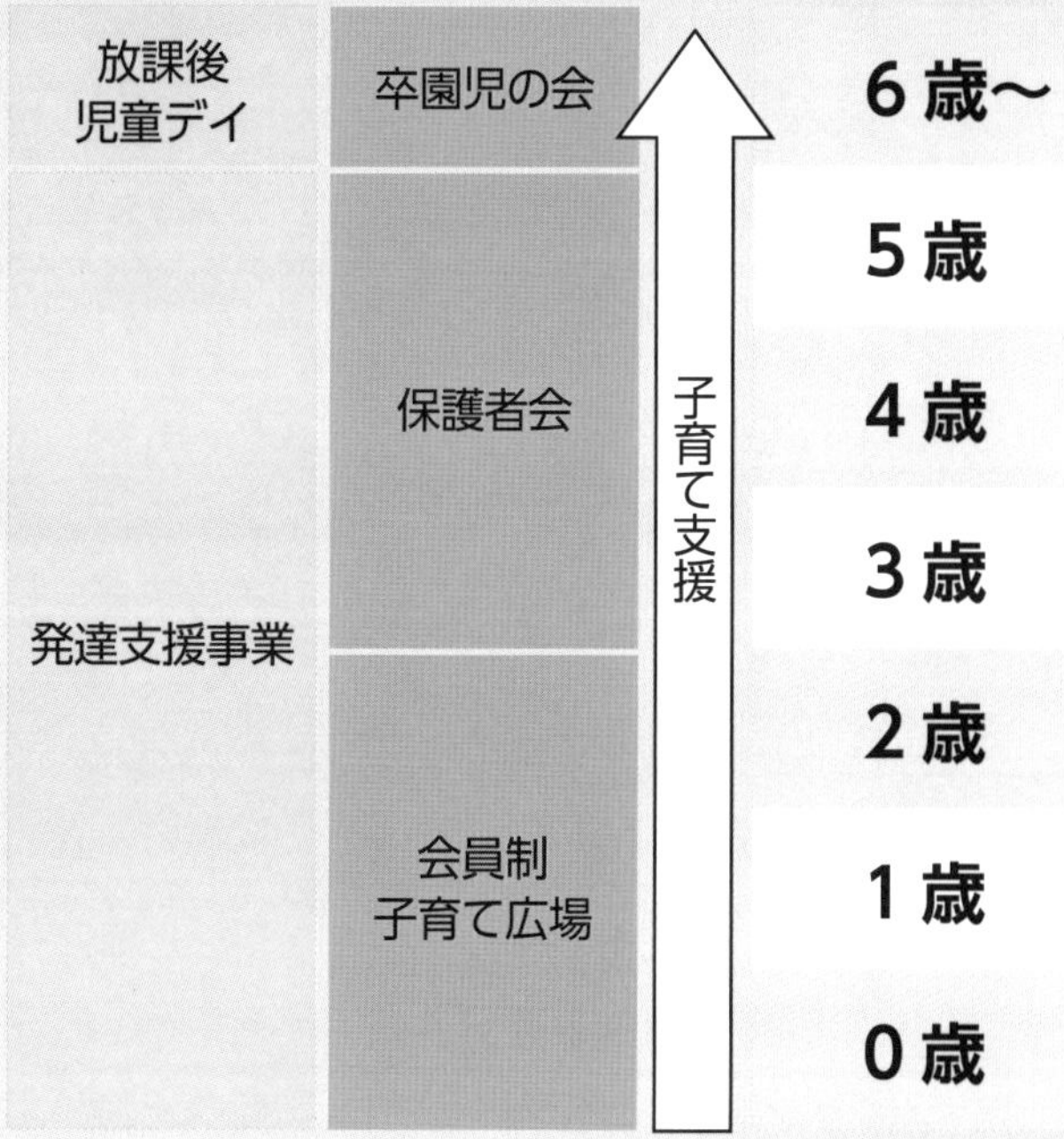
放課後
児童デイ
卒園児の会
6歳〜
5歳
保護者会
4歳
子育て支援
3歳
発達支援事業
2歳
会員制
子育て広場
1歳
0歳

例えば、
○3～5歳の3学年の幼児教育体制に、2歳児（満3歳児）への教育機能を付加して、4学年体制にする。
○長時間の共働きでも園に通えるように預り保育を強化する。
○3～5歳児だけでなく、3号認定児（保育を必要とする0～2歳児）も通えるようにする（乳児保育機能を付加）。
○園の子育て・教育の知識・経験を活かして、0～2歳児親子が集う子育て広場を付加（マタニティママが子育てを学べる子育て教室機能も付加します）。
○未就園児教室（1歳児向けのプレ幼稚園クラスなど）や認可外保育所・一時預かり保育事業などで、入園前の0～2歳児を親子分離で受け入れるようにする。
○小学生の保育需要を受け止める放課後支援機能（放課後児童クラブ）や小学生の教育需要を受け止める塾・習い事教室を実施する。
○特別支援が必要なお子さまを受け入れる機能として、未就学児が通う「児童発達支援事業」や小学校以降の子どもが通う「放課後デイサービス」を開設する。
○病気のときや病気の後のお子さまを受け入れる病児・病後児保育を実施する。

これらはすべて、幼児教育以外の機能を付加する多機能化です。園が存在する地域の子育て・教育・保育の需要に対して必要な機能を増やす多機能化は今後の園づくりのひとつの方向性になるでしょう。このような多機能化ができれば園児が集まり園経営はうまくいきそうなのですが、うまくいかない場合があります。

また園経営に大きな影響を与えた最近の出来事として、2015年に始まった「子ども子育て支援新制度」があります。園経営は園児の安全を守るために様々な基準が設定されています。基準を守って運営ができるように、園に対して運営の補助金が出ています。幼稚園の場合2015年までは私学助成という制度しかなかったのですが、子ども子育て支援新制度が始まり、私学助成か新制度を選ぶことができるようになりました。

現在は少子化が進行しているため全国の園で園児数が減少しています。園児が減少すれば当然減収になるので、経費を減らさないと収支差額が減少します（収支差額＝園の収入と支出の差額、プラスであれば黒字、マイナスであれば赤字）。収支差額は園児のための環境整備など、園が存続し続けるために必要な資金です。マイナスになってはいけません。しかし家庭生活も園児も多様化し、業務も複雑化している現状で園運営をするには、様々な専門性を持った人を増やす必要があり、人件費を中心に経費を減らすことはなかなか難しく、寧ろ増える傾向にあります。

このような状況の中で始まった新制度は、園児が少ない場合でも教員・保育者を多めに配置できる基準設定になっており、基準通り配置できれば経営が成立します（収支差額がマイナスになりません）。だから、新制度を選択する園が増えています。

※各制度の人員配置に関する基本基準
◯私学助成は35人の園児に1人の教員という設定
◯新制度は年中・長30人に1人、年少20人に1人の教員という設定
（私学助成も新制度も地域ごとで特別な配置ルールがあります）

ここでも先ほどの多機能化と同じです。園児が減少したからという理由で新制度を選択したとして、うまくいくのでしょうか？うまくいきません。

2022年度も3年保育入園が大きく減少しました。幼稚園の場合、満3歳入園（2歳）の園児数が年少目標園児数と同じくらいの人数になっていないと、園児が減少します（年少園児数が

100名なら2歳で90名)。認定こども園であれば1号は満3歳(2歳)から、2号は3号1歳から入園園児数が確保できていないと園児が減少し経営が悪化します。

1号は2歳から2号は1歳から入園していないと厳しいということは、未就園児活動は2歳3歳向けから0歳1歳対象になっていきます。012歳の子育て支援を強化していくのが今後の方向性です(未就園児活動(子育て支援)は3号認定の子も認定のない子も支える内容にします)。

012歳児の子育て支援を強化するために、経営コンサルタントとして「会員制の子育て広場(親子登園広場)」をお客さまに良くご提案します。

〈会員制の子育て広場(親子登園広場)〉

①専用の子育て支援ルームを開放する(部屋開放事業)

②対象:012歳の子どもがいる親子(入会した会員が参加できる)

③担当:子育て支援の専門性が高い担当を1名以上配置

(子育てのコツや子どもの成長を保護者に伝え、子育て相談にも応じる)

④乳児(012歳児)が遊べて、保護者が安心してくつろげる室内環境を設定する

⑤オプションとして保護者がホッとできるサービスを提供する
（お茶やコーヒーのセルフサービス、雑誌などが読めるコーナーなど）
⑥園庭開放のように原則フリーで遊び、自由に過ごしてもらう（自由入退場）
⑦子どものためのお楽しみタイム（短時間で20分くらい）がある
（エプロンシアター・絵本読み聞かせや手遊びなど）
⑧保護者向けに、子育てをテーマにしたトークタイムや子育て教室を企画
⑨時折、幼児教育と自園（方針・教育内容・成果・入園方法など）の話をする
⑩開催：週1～5回、10時～12時（毎週水曜日など定期開催が理想）
⑪定員制：1回あたりの参加定員は親子5～10組くらい（園の規模によるが多人数にしない）
⑫予約制：予約は1回分のみ可能、予約分が終了したら次回の予約が可能
⑬広場を良い空間にするために守ってほしいルールを設定し、参加時に説明する

園経営を戦略的に考えると、需要が増えている1歳2歳から入園できる体制にし、会員制子育て広場（親子登園広場）で多くの会員を集い、会員向けに情報を発信します。積極的に広場に参加してもらい、広場でコミュニケーションをとって何度も来るリピーターにしていきます。さまざまな園情報に何度か触れていく内に、園のことが好きになり入園したくなります。後は、家庭の生活環

境に合わせて1歳・2歳・満3歳・3年保育から選択して入園します。結果園児数が安定します。

しかし、012歳向けの子育て広場（親子登園広場）を実施したときに、多機能化や新制度と同様に、うまくいく場合とうまくいかない場合があります。会員が増えない、広場に参加してこない、参加しても1度だけでリピーターにならない、リピーターにはなったけど入園してこないなどです。なぜうまくいかないのでしょうか？

多機能化も新制度も0歳からの子育て支援も「幸せな人生を自分で歩ける子どもを育てて社会に戻す」という役割が実施する理由・ベースになっていないとうまくいきません。

「園児数が少なくなったから」「園児数が少なくなるから」仕方なく整備された機能・制度・子育て支援を利用する人はいるでしょうか。私のコンサルタントとしての経験から考えるといません（いるかもしれませんが少ないです。だからうまくいきません）。やはり何をするにしても、そこに園の役割と思いがあるかどうかが問われているように思います。

〈子育ての変化〉

○遊びについて

【以前】外遊びが中心で、自分より年齢が高い子も低い子も一緒に遊び、遊びの中で心と身体・創造性・社会性などが育っていました。

【現在】それぞれの携帯ゲーム機で、一緒にいてもバラバラに遊びます。またゲームは失敗したらすぐにやり直せます。くやしいとか負けたくないという感情を経験できません。

○大人との関係

【以前】近所に子どもを叱ってくれる大人がいました。また自分の子どもじゃないのにさまざまなことを教えてくれる大人もたくさんいました。1人の子どもに対して、多くの大人が関わっていたように思います（子ども会や盆踊りなど、大人が子どものために企画するものもたくさんありました）。

【現在】他人が注意し叱ると、変わった人だと思われて逆に文句を言われることもあります。大人が自分と関係ない子どもに関わることが難しくなりました。ますます、子育てをしている家庭は孤立します。

○家庭環境

【以前】兄弟も多いので、多人数で食事をする機会が多く、自然と上下関係やケンカや仲直りを学ぶ機会が生まれていました。

【現在】兄弟が少なく、自分の部屋として個室が与えられるため、多人数で関わる時間が家庭内でも少なくなりました。1人の子どもに対して少ない大人が過保護に関わり、逆に放任し過ぎの状態になっている場合もあるようです。

3世帯（祖父母・両親・子ども）以上で同居していた家庭は、1世帯（親と子ども）の家庭になりました。結婚する年齢も高くなり、収入不安などから1世帯の子どもの数も減りました。一方でお母さんも働くようになって共働き世帯が増え、国の言葉を借りれば「保育が必要な子ども」が増えています（2号3号認定の子ども）。

※保育が必要な子ども：対象児童の保護者全員が就労・疾病・介護などの事由により、日中子育てに従事できない状況に置かれた子どものこと

子育てをする環境は、一戸建ての一軒家からマンション・アパートに変化しました。例えばマンションはつかまる場所がたくさんあるので、赤ちゃんが早い時期につかまり立ちをするようになります。そのため四つ這い（ハイハイ）で動く量が少なくなり、足腰がしっかり育たないという話を聞いたことがあります。そのまま3歳になって幼稚園に入園すると園内でよく転ぶそうです（手で支えることができず顔から転ぶ）。

お母さんが孤立して子育てをしている場合も多いと聞きます。知識も経験も全くない状態で子育てが始まり、どうすればよいのか誰にも聞けません。アドバイスもない状態での子育てはとてもたいへんです。人によっては育児ノイローゼになることもあります。子育てに関する情報もインターネットで検索したものだけを見ているため、さまざまな場面で偏った子育てになってしまう場合があるようです。

園は「幸せな人生を自分で歩ける子どもを育てて社会に戻す」役割を担っていますが、社会と共に子育ての環境も大きく変化しているので、今までと同じ園のあり方で役割を果たすことは難しくなっています。

例えば未就園児活動は、2歳3歳児親子が多人数で集まって親子体操して遊んでいたものから、入園する前のできるだけ早い段階（0歳1歳）から何度も園が関わって子育てを支えるものに変化しています。早い段階から関わることで入園後に大きく成長し、園の役割を果たすことができるからです。そのような社会に変わったのです。

支えるのは3歳からでよかった社会が、できるだけ早い段階から子育てを支える必要がある社会に変わったのに、未就園児活動を以前と同じように2歳3歳向けに企画しても集まりません。社会の変化に合わせて、できるだけ早い段階から子育てを支えたいという思いを持てれば、未就園児活動の対象も内容も変わり、参加した親子の喜びも大きく変わります。

〈今後、必要とされる子育て支援〉

○核家族化し、孤立する場合があると言われる０１２歳の乳幼児期の親子に向けて、自園のスペースを開放し孤立を防ぐ子育て支援

○保護者に子育てを支える情報と子育てを支えるプロと交流できる機会を提供することで、子育てのあり方とコツがわかる子育て支援

○自由で気遣い溢れる空間の中で、豊かでやさしいコミュニケーションに触れてママ友だちができるなど、子育てが楽しくなる子育て支援

乳幼児を持つ母親は、日常的に育児への困難感・負担感を感じ、一番子育てを辛く感じやすいようです。母親の育児不安・ストレスを減らし、子育てが楽しくなるような人と場所と機会を園が提供することは、園の役割である「幸せな人生を自分で歩く子を育てて社会に戻す」ことにつながります。

経営コンサルタントである私は、未就園児教室や子育て広場などの子育て支援活動は園児募集のためにやりましょうという話をしてしまうのですが、乳幼児の子を育てる親に何が必要なのか、入園後に子どもがしっかり育つために何が必要なのかを考えずに企画された子育て支援はあまりうまくいきません。子どもとその家族が幸せになれるように、しっかり育てて卒園させる園の役割がベースにないことが原因です。

そして「思い」も大切です。「思い」とは何かをやる「理由」です。「0 1 2歳の子育て広場は園児募集のためではなく、できるだけ早い段階から子育てを支えるためにやります。」「新制度は子どもたちを安全に支えることができるように教員・保育者を多く配置するためにやります。」「多機能化はさまざまな支援が必要な子を支えるためにやります。」例ですが、何かやるときに理由があるはずです。その理由が「園の思い」です。

幸せな人生を自分で歩ける子どもを育てて社会に戻す役割は、言葉の表現に違いはありますがどの園にも共通します（役割は教育理念に近い）。しかし役割を果たすためにやることは園ごとに違います。やる理由も違います。地域性もあり、園の規模や教育内容に違いがあるからです。

みなさんに質問があります。

「あなたの法人は、何のためにその地に存在していますか？」

園ではなく法人です。園であれば回答は園の役割「幸せな人生を自分で歩ける子どもを育てて社会に戻す」に近いものになるでしょう。今回は法人です。法人が存在する理由ですから法人の思いです。経営理念として定義されているわけではありませんが、やまびこ幼稚園含むＳＵＳＵＫＩグループには思いがあります。

SUSUKIグループ（学校法人すすき学園・社会福祉法人未来福祉会）

「雄大な自然の中で、心の教育を」

思い

「地域の子育てと教育を子どもたちが大人になるまで支えたい」

私たちは子どもたちに「自立すること」を教えていきます。大切なのは「自分で自分のことをやること」。自分自身でできることが増えると何かに興味を持ったときに挑戦しようと思えるのです。この自立への教えを「根っこ教育」とし、大切にしています。自立には、見守ること・励ますこと・信じることが不可欠です。ご家庭と園で共に手を取り合って、大切な子どもたちを育んでいきましょう。

「思いを実現する経営」

やまびこ幼稚園は、学校法人すすき学園に所属する幼稚園です。学校法人すすき学園は、やまびこ幼稚園以外にも花鶴丘幼稚園や小規模保育所・学童保育所など、複数の事業所を展開しています。また同グループに社会福祉法人未来福祉会があり、当法人でも複数の保育園・認定こども園を運営し、支援が必要な子どもたちを支える児童発達支援所・放課後デイサービス、雇用契約に基づく就労が困難な方を支える就労継続支援B型施設を「同じ地域に展開」しています（他都道府県には開園していません）。

〈SUSUKIグループが展開する施設〉

◯幼稚園

満3歳から小学校就学までの幼児を教育し、年齢に相応しい適切な環境を整え、心身の発達を助長するための教育施設

◯保育園

親が働いている、病気の状態にあるなどの理由により家庭において十分に子どもを保育できな

い場合に、家庭に替わって子ども（0～5歳の乳児および幼児）を保育するため、児童福祉法に位置付けられた児童福祉施設

○認定こども園

教育・保育を一体的に行う施設で、幼稚園と保育所の両方の良さを併せ持つ施設

○学童保育所

共働き・1人親の小学生の放課後（土曜日、春・夏・冬休みなどの学校休業中は1日）の生活を継続的に保障し、親の仕事と子育ての両立支援を保障する施設

○児童発達支援所

未就学の通所利用障害児への療育やその家族に対する支援を行う。社会福祉法人未来福祉会の施設「はじめの一歩」は保育所などの訪問支援や相談支援も行って地域を支援している

○放課後デイサービス

6歳～18歳までの障害ある方への療育やその家族に対する支援を行う

○就労継続支援B型
通常の事業所に雇用されることが困難であり、雇用契約に基づく就労が困難である方に対して、就労の機会や生産活動などの機会の提供、また、その他の就労に必要な知識及び能力の向上のために必要な訓練・支援を行う事業所及びサービス

○病児保育
入院の心配がなく体調の急変が認められない病気のお子さまを預かる事業（学校法人すすき学園の森のぽかぽか保育園とうみのぽかぽか保育園で実施）

ＳＵＳＵＫＩグループ（学校法人すすき学園・社会福祉法人未来福祉会）の施設数は現在20です。すべて、同地域に開設されています。

SUSUKIグループの組織図

SUSUKIグループ

（学校法人すすき学園／社会福祉法人未来福祉会）

SUSUKIグループは、やまびこ幼稚園と他の様々な形態の園と施設で、
地域の子育てと教育を支え、子ども達の明るい未来を創造します。

すすき学園 組織図

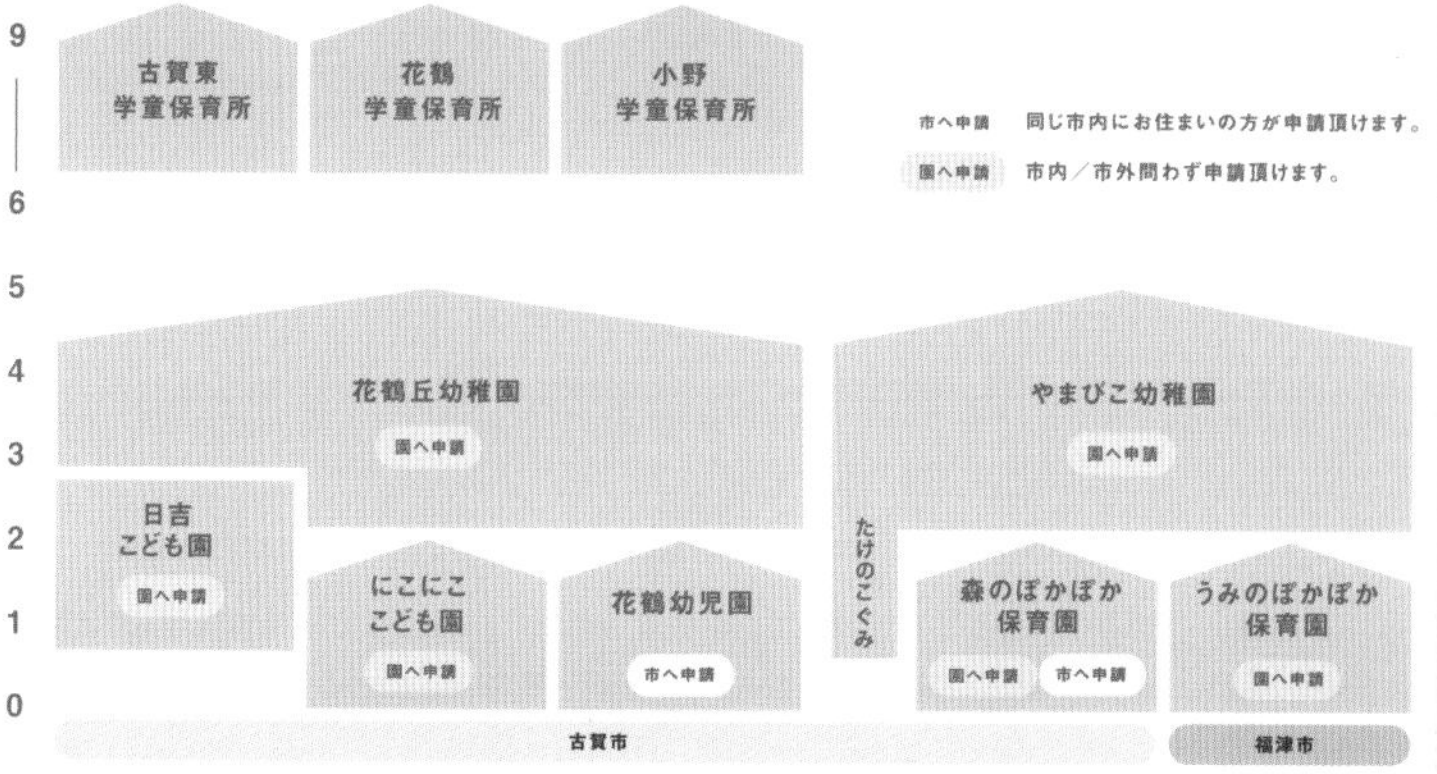

未来福祉会 組織図

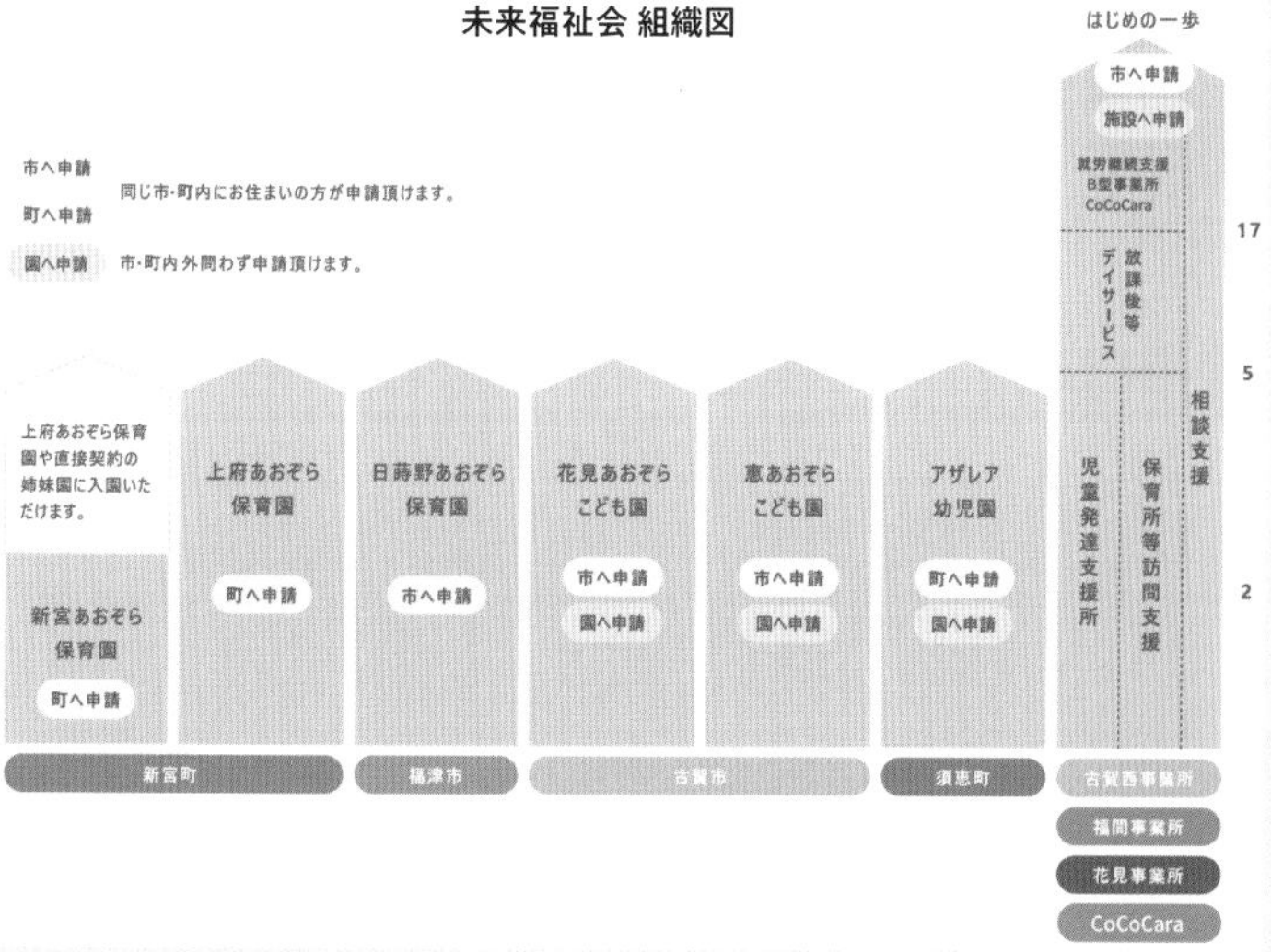

なぜ、同じ地域にさまざまな専門性を持つ事業所を複数展開しているのでしょうか？

やまびこ幼稚園の薄秀治園長先生の言葉です。

「この地域の子どもたちが大人になるまでの子育てと教育を支えたい」

やまびこ幼稚園だけを見ても、預かり保育・小規模保育・病児保育（連携保育所で実施）などさまざまな機能を付加しています。学校法人の他の施設や社会福祉法人未来福祉会も含めると、考えられる子育てと教育を支える機能はすべて同じ地域に展開しています。

幸せな人生を自分で歩ける子どもを育てて社会に戻す役割を果たすために、地域のすべての子どもたちの子育てと教育を支える必要な機能をグループ（学校法人と社会福祉法人）で提供しています。「地域の子どもたちが大人になるまでの子育てと教育を支えたい」というＳＵＳＵＫＩグループの思いで実現しています。

〈地域密着型グループ経営の考え方〉

○SUSUKIグループの存在理由（経営理念に近い）

「この地域の子どもたちが大人になるまでの子育てと教育を支える」

↓

○実現するための方針

「この地域に、様々な子育てのニーズに応える施設を複数展開する」

「子どもたちが幸せになるために必要な教育を、施設ごとに必要な形で提供する」

↓

○経営目標

「園児数○○名」「職員数○○名」「幼稚園2園、保育園○園、発達支援…」

↓

○目標到達のための行動計画

□2022年8月までに○○地域に○○事業所を2ヶ所開設する

□グループを紹介するホームページを開設する

□○○名の職員を採用するために、学校を○校訪問し…

ＳＵＳＵＫＩグループと同じように、同じ地域にさまざまな事業所を展開する法人の存在理由は、様々な教育・保育機能を地域に提供し、多様化する子どもたちを幅広く受け入れて、その子が大人になるまで長く支えることではないかと思います。

「思いに共感する大人が集まるコミュニティを創造する」

働いているか働いていないかに関係なく、支援が必要か必要じゃないかに関係なく入園できる園にして、子どもたちの未来に必要な教育をできるだけ長く（0歳～5歳・9歳・12歳・18歳まで）提供する体制を構築していくと、その体制に応じた職員組織を構成する必要があります。

現在多くの法人が、一体化した組織づくりと職員育成について、とても苦労しています。苦労する最も大きな要因は採用難です。現在の園運営は、預かり保育を使う子どもの人数が増えている、入園の年齢が1歳2歳と低年齢化している、支援が必要な子が増えているなどの理由で、1園あたりで必要な教員・保育者数が増えています。

また、教員・保育者以外の職員についても、自園調理給食や登降園の方法が複雑化していることから、以前よりも多い人員配置が必要となっています。どの園も組織が大きくなっています。

職員を増やさないと運営がまわらないため、採用活動を積極的に行います。しかし、採用難（職員の成り手が少ない）のため、なかなか人数を増やせません。特に幼稚園教諭・保育士の免許を有する教員・保育者が足りていません。

また、現在は転職社会となり人材がどの分野でも流動化しています。園でも職員の同一園での勤務年数が短くなり、早期退職が増えているため、採用がより厳しい状況になっています。

このような採用難の中で、園は高いコストをかけて派遣会社などから紹介予定派遣を受け、高いブース出展料を出して採用フェアに参加し、無理した採用をしてきました。無理した採用とは、自園にあった人なのかどうか疑問を感じながら、もしくは合わないとわかりながら人数のために採用することです。

※紹介予定派遣：派遣会社より紹介を受けた人材を直接雇用すると紹介手数料が発生する。職業紹介を前提とした労働者派遣のこと（紹介手数料は会社によって違うが年収の数十％と設定されている場合が多い）。

無理した採用の結果、就職後に職場とのミスマッチが発生し、すぐに辞める・組織内で人間関係のトラブルになるなどの問題が起こることがあります。長く園の為に働き園に貢献してきた人が辞めてしまうような事態になることもあります。このように採用難が組織づくりや職員育成に影響しています。

完全一致じゃなくても全員が同じ方向を見る組織、もしくは反対を向く職員はいない組織、そのような組織を創るためには職員育成に時間とコストをかけて質の向上を実現する必要がありますが、職員育成は採用から始まっていると捉える必要があります。

職員の育成イメージ図

貢献欲求（人の役に立ちたい）

園のことが大好き！ みんなと協力したい、
人を育てたい、こども・保護者の役に
もっと立ちたい

→ **職員もファンになっていく園づくりが大事！**

自己成長欲求（挑戦・成長したい）

もっと自分を高めたい、挑戦の場がある、
評価してもらえる、成果が実感できる

→ 成長意欲が高い職員を育てる

自我の欲求（認められる）

話を聞いてもらえる、
認められる機会がある、応援してくれる、
意見が言える、ほめられる

→ 主体性をもって、意見・アイディアを言える職員を育てる

社会性の欲求（帰属性）

園のことが大好き！みんなと協力したい、
人を育てたい、こども・保護者の役に
もっと立ちたい

→ **採用するラインは最低この段階。少しでも「この園が好き」という気持ちがあることが大切**

職員育成の限界

安全の欲求（最低保障）

給料がよい、休みが取れる、
残業が少ない、福利厚生がある、
賞与が出る、やめさせられない

生存の欲求（生きたい）

最低限の生活ができる給料、
衣食住に困らない

→ 園はここの環境も当然整えるのだが…

「採用から始まる職員育成」

園を構成する要素のほとんどは「人」です。園児、園長、主任、教員・保育者、外部講師、給食調理員、栄養士、バスの運転手、園児の保護者、未就園児とその保護者など、人が集まってはじめて成立する事業です。

多くの人が関わっているから子どもが成長できます。そして、家族が幸せになります。特に職員の影響力は大きいです。職員がどのような人なのかで、園の質・レベルが決まるといっても過言ではありません。やまびこ幼稚園は誰が園の職員なのかに強くこだわっています。

あなたの園の職員は、なぜ働く場としてあなたの園を選んだのでしょうか？採用する際は、就職動機にこだわった方がいいです。園が不安を感じた採用で園の質が低下すれば、園児も集まらなくなり経営的な危機になるからです。

職員があなたの園を選んだ就職動機が、給料や時間・休日などの雇用条件のみになっていないでしょうか？雇用条件が合えばどこでもいいという人を採用していないでしょうか？採用難の時代ではありますが、少しでも「この園の教育・保育をやってみたい」「ここなら自分の専門性を高められる」などの、「この園がいい・好き」という思いを持って就職してもらいましょう。

「この園がいい」「この園が好きだ」という思いがなければ、自分を成長させようと思う原動力は生まれず、寧ろできるだけ楽に仕事をしたいという考えになります。「この園が好きだ」という思いがあるから、仕事でできないことがあった時に「できるようになろう」という思いが生まれ行動することができます。職員も園に共感していることが大事です。少しでも園に対する思いがあれば、就職した後に大きな共感に育っていく可能性が高いです。最初からない場合、共感が育つ可能性は低くなります。

やまびこ幼稚園には子どもたちの将来を支える人間力の土台を「根っこ教育」で育てる役割があり、ＳＵＳＵＫＩグループには地域のすべての子育てと教育を支えるという思いがあります。この役割と思いに共感した人が集まって子どもたちを育てています。

共感してもらうのは園の役割と思いです。「幸せな人生を自分の力で歩ける子どもたちを育て社会に戻す」役割（教育理念）と、「何のためにあなたの法人（園）はこの地に存在しているのか？」

の回答である思い（経営理念）を強力に打ち出して、役割と思いに共感した人とたくさん出会いましょう。共感した人と仕事を通してさまざまに関わり、共に役割を果たし、思いを実現する職員に育てましょう。

現在、全国の多くの園で経営が混乱しています。特に幼稚園は園児の減少が激しく厳しい状況です。幼稚園以外の園も園児は減少傾向で、教員・保育者を中心に職員配置や組織内の混乱（人間関係や早期退職）で苦しんでいます。

園は「人がすべての事業」なので、園児が少なくなり組織が混乱しているとしたら、園の事業基盤が崩れていると判断した方がいいでしょう。衰退が本格化する前に、組織から作り直す必要があります。

園が衰退するのは、組織の協調性と主体性が育っていないからです。一人ひとりの職員は優秀でも、よりよい園にするための意見やアイディアが出ず、毎年同じことを繰り返します。よりよくする意見が出ても検討されず、いつしか主体的な意見やアイディアが出ない組織になり衰退が始まります。主体的な意見が出ない、出ても検討されない、同じことをただ繰り返す園で、職員間の協調性は育ちません。ひとりではできない新たなチャレンジに複数で関わって取り組む、その関わりの中で協調性は育ちます。

園を取り囲む社会が少子化・採用難ではなく良好な状況であれば、主体性と協調性がなくても衰退はなく、質も維持できると思いますが、社会は大きく変化して、尚且つ変化のスピードが速いです（昨年まで人気があった幼稚園の満３歳入園が集まらなくなっています。満３歳入園の人気が出たのは２０１９年の保育料無償化からなので、人気が出てから集まらなくなるまで2年経っていません）。

今までと同じ園のあり方や経営では通用しなくなり、変化できない組織は衰退します。このような状況の園が多いのが現在です。一方で、うまくいっている園もあります。

園児が集まり続けて増えている園もあるし、少子化の影響で減少しながらも、新たな目標を設定し、計画的にサイズダウンさせながら運営することで経営的に問題なく、逆に目標園児数はすぐに埋まるなど、うまくいっている園もあります。

園を取り囲む社会環境は同じですが、うまくいっている園は園のあり方と組織の状態で他の園と少し違いがあります。つまり園内、内部の状況が違うのです。

うまくいっている園は、現場・組織内からよりよくなるための意見・アイディアがどんどん生まれます。生まれた意見・アイディアは情熱を持って検討され、意志決定して実行されます（実行までのスピードも速いです）。そして園のあり方が社会のニーズに合わせて変化しています。

協調性と主体性のある組織を実現する上で最も大事なのは「専門性・仕事力・人間性の高い職員」を育成することです。職員育成の結果、協調性と主体性のある組織となれば、現場から生まれるさまざまな意見・アイディアを実現できると職員全員が確信する組織文化が生まれます。

協調性と主体性のない組織では、園児募集が減少で終わっても、職員の早期退職が起こっても、採用が０人で終わっても、誰も問題意識がないために意見・アイディアが出ません。会議をしても反省するだけで終わり、新たな策が生まれず実行されません。だから、あらゆる目標（園児数・教員数・退職率など）が達成されません。

このような状態を打破するのは「理念（役割と思い）」です。

衰退を防ぎ未来に発展するためにやることは多岐にわたります。園の新たな機能付加、組織の再編、働き方改革、人事諸制度の見直し、広報強化、園児の受入体制の整備、教育・保育の質向上への取組などです。管理職制度の見直し、運営業務や人事評価のデジタル化、キャッシュレス・ペーパーレス化も必要です。

これらを推し進め、現状を打破する原動力は、理念（役割と思い）への職員の理解と共感です。園の理念（役割と思い）を園と共に実現したいという思いがあるから、困難であってもさまざまな取組が実行されて、目標が達成されるのです。

「理念（役割と思い）を実現する組織に変化するために」

やまびこ幼稚園は、目標に対する結果だけではなく、結果に結びついたプロセスはどうであったかにも焦点を当てて組織マネジメントをしています。つまり「人」に焦点を当てています。

職員一人ひとりの意識や考え方、モチベーション・行動内容を見守り、必要なときはアドバイスをしています。そのような園長・主任などの管理職との関わり、他にも先輩・同僚・後輩同士の関わりの中で育ってきたのが、やまびこ幼稚園の現在の組織です。

理念（役割と思い）を実現する組織になるためには、「園は人がすべてである」ことを理解し、覚悟を持って職員育成に取り組むことが必要です。

※1人の職員を育成するためには、園の理念に職員が共感していることが条件になります。理念（役割と思い）を積極的に発信し、共感している人・共感できる素養がある人と出会うことがはじめの一歩です。

理念（役割と思い）を実現する組織になるためには、園の理念（役割と思い）に対する認知度と理解度を高め、その結果としての共感度を把握する必要があります。認知度と理解度については「園の理念を知っているか？」「園の理念はどのような意味をもっているか？」を書いてもらうアンケートを定期的に取りましょう。

また、なかなか書けるようにならないのですが、「園の理念を実現するためにあなたができたことを、具体的なエピソードを挙げて教えてください」という問いも1年に1回投げかけてみましょう。もしも何かを書ける職員がいたら、その職員は園の理念（役割と思い）を実現する大きな力を園に与えてくれます。

※「園の理念を知っているか？」と「理念は園内に浸透して子どもたちの教育・保育の場面で実現されていると思うか？」については、保護者にも協力を依頼して回答してもらうと良いでしょう。

そして、理念への共感度を測ります。

〈理念への共感度（組織の成長意欲）を把握する職員アンケート例〉

※理念に共感＝成長意欲があるという考え方から生まれたアンケートです。

次の質問に5段階で回答ください。

1＝全く異なる、よくわからない
2＝あまりそうではない
3＝大体そうなっている
4＝かなり近い状態だ
5＝完全にそうなっている

○あなたの職場で、あなたは成長できていますか？
○あなたの職場は、あなたも他の職員もリラックスできる職場ですか？
○あなたの職場は、あなたが発言しやすい職場ですか？

○あなたの上長（管理職）は、新しい挑戦を認めてくれますか？

○あなたの職場に、協力体制はありますか？

○あなた以外の職員は、「自分は成長できる」と確信していますか？

○あなたの園の職員は、園が目指す目標を認識していますか？

○あなたの園の職員は、園の目標達成を志していますか？

○あなたの園の職員は、園の目標を達成できると信じていますか？

○あなたの園の職員は一体化している（同じ方向を向いている）と思いますか？

このアンケート集計の平均が5に近くなればなるほど理念への共感度が高く、協調性と主体性のある組織に育っていると判断することができます。理念（役割と思い）を実現できる組織です。

理念（役割と思い）を実現する組織になるために、園の理念（役割と思い）を明確にして職員に伝えましょう。理念（役割と思い）が実現できているかどうかも毎年評価をして伝えましょう。職員のモチベーションを高め、よりよくなっていこうとする組織文化を醸成します。

中には、理念（役割と思い）を理解・共感できずに就職を辞退する人、就職したけれど退職の道を選ぶ人もいます。それは悪いことではありません。あなたの園とは合わなかっただけです。寧ろ、理念（役割と思い）への共感度が高い職員が集う組織に育っている証です（理念が明確で、きちんと伝わっていることになるからです）。

また、理念（役割と思い）を実現するための新しい取り組みや既存のものを変化させる取り組みで、組織内に葛藤が生まれ、職員同士が衝突することもあります。これも理念が浸透し実現されているプロセスです（喧嘩にはせず、議論の場となるようにマネジメントしてください）。

理念（役割と思い）が議論されて磨かれているのです。

理念（役割と思い）が磨かれる現場では、職員一人ひとりの心に「よりよい社会づくりに貢献している」という認識が生まれます。よりよい社会づくりに貢献しているという認識は、園内の課題ばかりに注目していた組織を、よりよい未来を見つめる未来志向の組織へといつしか変化させていきます。

やまびこ幼稚園は「人間の大切な土台をつくる役割」と「地域の子育てと教育を支えたいという思い」を実現しています。実際に、泥リンピックや収穫祭などで土台をつくる根っこ教育を具現化し、支援が必要な子を支える施設「はじめの一歩」他、様々な専門性を持つ事業所を地域に展開しています。

子どもたちの将来を支える人間力の土台を育てて社会に戻す役割（教育理念）をベースに、地域の子育てと教育を支えたいという思いを形にすることで、職員のワクワクする前向きな心が育ち、課題を解決する意見や未来を創造するアイディアが主体的に生まれます。そして組織で協調して実行に移すので、目標が達成できるのです。

「職員育成をあきらめない！」

園の理念（役割と思い）を積極的に伝えることで出会った職員を増やし、ともに教育・保育に取り組みながら理念（役割と思い）への共感を高め、子どもたちの未来の幸せを実現するプロを育てます。職員育成です。

最近、年度途中退職を恐れ、仕事を教えることができない管理職が増えているという話を聞きます。また世代間のギャップからか、会話が成立しないことを理由に職員を育成できないという話も聞きます。もちろん、ハラスメント及びハラスメント的なコミュニケーションは論外なのでしてはいけませんが、職員を育成するために必要なことはきちんとアドバイスして教える必要があります。

プロとして経験を積んできた上司・先輩のアドバイスを受けた人は、仕事ができるようになっていきます。新人として園に勤務したばかりの頃は、自分の意志とは関係なくやらなくてはいけないことばかりでたいへんです。失敗もたくさんします。しかし、いつしか自分でできる仕事が増えて楽しくなっていきます。そして園児のためにしてあげたいという思いがでてきて、自分の意志で仕事を創造できるようになっていきます。この自分の意志で仕事を創造できる状態は仕事で幸せを感じるレベルです。

結果、上司・先輩のアドバイスで育った職員によって園児が成長し、その姿を知った家族が幸せを感じます。地域に幸せが拡がり、職員がよりよい社会づくりに貢献できているという実感を持つことができます。

このような成長は、上司・先輩が仕事を教えてくれたからです。その教えのおかげで人生が豊かになったのです。教え方は常に研究・改善し、他の人の指導例も共有しながら磨いていきましょう。

職員育成をあきらめないようにしてほしいと思います。

「職員を育成するために」

職員育成の第1ステップは「働き方改革」です。労働時間（勤務時間や休憩・有給含む休暇）・人間関係（孤立・ハラスメントなど）・給与（賃金及び残業）に関して安全に安心して働ける職場にしていきましょう。安全・安心を実現する重要ポイントは生産性の向上です。

一般企業であれば、少ない人数（人件費を中心にコストを低く）・短い時間で売上・利益を最大化することが生産性の向上になりますが、園の生産性向上は違います。現代社会の中で子どもたちをしっかり育てて社会に戻すためには人数が必要です。人件費を中心にどうしてもコストは増えます。

共働き世帯が増えたことで早朝から園児が来て、夕方も遅くまで子どもが複数人残るため、長い開園時間の中で職員が子どもと関わる時間が長くなりました。だからといって一人ひとりの勤務時間が長くなるわけにはいきません。園の生産性は、職員の人数を増やして役割分担し、交代しながら園児と関わり、職員1人当たりの勤務時間を短くしながらも子どもたちの成長を実現することになります（合わせて給与も増える状態を目指します）。多くの職員で協力連携する体制づくりが必要です。

各職員一人ひとりの「働き方改革」も必要です。業務のデジタル化や業務内容の削減・圧縮だけではなく、各職員の仕事力を最高水準まで向上させる必要もあります（働き方改革は勤務環境・体制を整備した後、最後は職員一人ひとりが意識を持って、自分の業務を短時間化できるかにかかっています。ただし、子どもの成長はしっかり実現しなくてはいけません）。

第2ステップは「積極的な外部連携」です。自園だけでは対応できない様々な専門性を必要とする課題が園内で増えています（課題：教員・保育者の質、子どもの成長、支援が必要な子への対応、保護者との関係構築、職員の採用・定着・育成、園内のＩＴ・ＩＣＴ化など）。

課題解決に向けて、外部の専門団体・人材や地域社会のリソース、大学などと連携します。

※地域社会のリソース：やまびこ幼稚園は根っこ教育の実現に地域の農家さんの協力を得ています。グループ内ですが支援が必要な子への対応は、発達支援事業所はじめの一歩の職員の協力を得ることができます。農家さんもはじめの一歩も地域社会のリソースです。

第3ステップでは「学びとアウトプットする機会を職員に提供する」です。外部の専門性高い人材や組織と交流できるようにして、学ぶ機会を職員に提供します（人は人との関わりの中で成長することができます）。また、新たな業務を任命する、自分が学んだことを他の職員に共有する、研修講師をやるなど、学んだことをアウトプットする機会を与えます。

〈人材育成の3ステップ〉

第1ステップ　働き方改革

職員数を増やす↓職員1人あたりの勤務時間を減らす

役割分担をする↓交代・連携する体制を実現する

※子どもの成長には徹底してこだわること

第2ステップ　積極的な外部連携

自園にはない専門性を持つ人材や組織、地域社会のリソース・大学などと連携して、その専門性を園に導入する

第3ステップ　学びとアウトプットする機会を提供する

知らないことを知る機会として、研修や専門性高い人材との交流の機会を職員に提供する。新たな業務や研修講師などを任命し、学んだことをアウトプット（発信）

する機会を与える

3ステップを実現しながら、職員の業務上の目標と成果を明確にして公正な評価をします。評価に応じて、新たな目標と目標を達成するための行動計画を立てて実行するPDCAを園・部・チームではもちろん、個人でも実施することで職員が育ち、組織が育ちます。目標・行動計画設定・PDCAの実施を繰り返して結果の記録を残すことで、職員のキャリア形成の道標になる「キャリアパス」が完成します。

※PDCA：PLAN（計画）→DO（実行）→CHECK（評価）→ACTION（改善）
計画を立てて、実行し、結果を評価して、改善内容を明確にして、次の計画に反映し…とPDCAサイクルを実施することで、質の向上が実現する。

※キャリアパス（研修・担う業務、評価、報酬をセットにしたもの）：人生・経歴・職業（キャリア）の道・進路（パス）を示し、教員・保育者・職員として、どのようにキャリアを形成するかを示す道標。管理職としての役職段階と特定分野を究める道がある。段階・道を進むために必要な目標と、目標に到達するために必要な行動（受けるべき研修・挑戦する業務など）を具体的に示し、結果を評価する基準も明確にする。評価によって決まる給与や昇進の内容がわかるので、仕事人生の地図のようなものになる。3年後・5年後・10年後の職員の姿を提示

することになり、職員は、自分が選択した理想（目標）に向かって、どのように知識や技術を伸ばしていけばいいかを具体的に把握できる。

ＰＤＣＡを実施して、職員の専門性（専門的知識・技術）や仕事力（処理能力・理解力など）を育てるのですが、同時に「園の理念（役割と思い）」への共感を育てましょう。園への共感を育てるためには「園の経営目標（理念の実現）」と「個人の目標」をつなげる必要があります。つながっているとわかると、個人の目標を達成することが園の理念実現に影響を与え、自分の行動がよりよい社会づくりにつながっていると理解・認識することができ、仕事が人生の喜びになるからです。

経営方針と個人目標をつなげる
自己成長
PDCA
個人目標
チーム目標
経営方針
経営・教育理念
園の理念・方針の基、個人を育成する

やまびこ幼稚園は「やまびこ幼稚園の理想の職員のあり方」が明確です。理想の職員になるために守ってほしいことや行動指針を具体的に提示しています（第４章参照）。そして、経営方針を職員と共有して組織を一体化するための「経営方針発表会」を実施しています。これは参加した職員にとって様々なことを「学ぶ機会」になっています。

経営方針発表会は、新年度が始まる前に、次年度の経営方針を園長から職員全員に直接説明する機会として開催されます。やまびこ幼稚園の理念（役割と思い）を実現するための経営方針を職員が園長から直接聞く機会はとても貴重です。子どもたちの成長はどうか、家族は幸せを感じているか、職員の成長はどうか、次年度の重点取組は何か、運営のシステムや教育環境の改善はどうするかなど、次年度の経営方針への理解を深め、園長と職員の相互理解も深めます。

管理職・職員が「チーム目標・個人目標」を発表し、前年度の進捗・成果に関する報告もします。法人全体の職員が集まり、お互いの目標を確認し、交流し、意識を高めます。

また、職員は園の経営方針と個人目標のつながりを確認することができます。園の経営方針とつながった個人目標を他の職員が認めることになるので、安心して個人目標に挑戦できる雰囲気を醸成します。園の経営方針と管理職の目標・職員の個人目標のつながりを認識することで、個人もチームも主体的に考え、協調して行動することができるようになります。

発表→目標のつながりを確認→他の職員の知識・経験の共有→気づき→目標や計画の改善→実行という未来志向のＰＤＣＡが動き、組織全体の質と園への共感が大きく育ちます。当然行動も情熱溢れるものとなり、職員と関わる園児の成長につながります。経営方針発表会の実施を強くお薦めします。

さらに、自分たちの取り組みを地域に発信することができれば、園への共感をより高めることができます。そういう意味では、準備などがハードですが公開保育は効果的でしょう。しかし公開保育は業務的な負担が重く何度も実施するのは難しいので、まずは園内だけの小規模な公開保育から始めるのがよいと思います。自分が担当する教室・保育室での教育・保育を、管理職含む他の同僚に短時間でもいいので見てもらい、前向きな評価と改善点をもらう「職員同士の見学会」です。良い事例は、園長や有識者（大学教授や理事など）にも見てもらい、表彰みたいなものがあっても良いと思います。

公開保育でも職員同士の見学会でも関係者及び有識者の前向きな評価をもらうことは、職員一人ひとりの教育・保育が園の業績（園児数や職員数など）だけではなく、園の理念（役割と思い）の実現につながり、よりよい社会づくりにも貢献できていることを確認する機会になります。法人・園・職員すべてにとって有意義なものとなります。

やまびこ幼稚園は少子化・採用難という困難な状況の中でも、理念（役割と思い）を実現して未来を創造するために、職員育成に投資して協調性と主体性ある組織づくりに挑戦しています。そして園児の成長という成果を上げています。あきらめずに職員育成に挑戦することは、人がすべての園経営において必ず大きな価値を創造します。

職員育成は知識や技術の向上だけに留まらず仕事力と人間性を向上し、園への共感度を高め、協調性と主体性がある組織を実現します。そのためには「幸せな人生を自分で歩ける子どもを育てて社会に戻す役割」と「よりよい社会づくりに貢献する法人・園の思い（法人が存在する理由を明示する経営理念）」を明確にして、全職員・保護者と共有する必要があります。職員を育成し、協調性と主体性がある組織となり、理念（役割と思い）を実現し続けましょう。

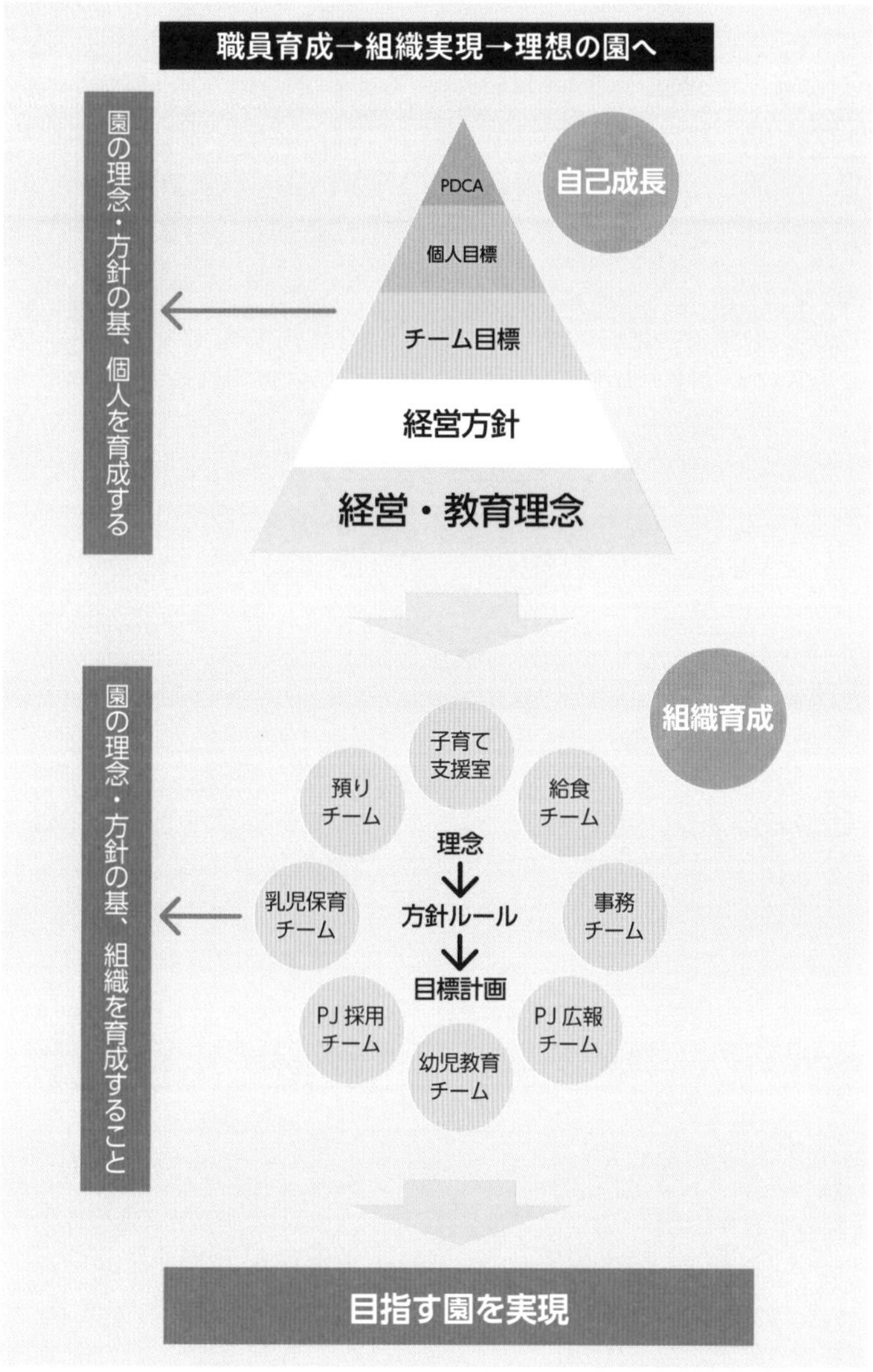
職員育成→組織実現→理想の園へ
園の理念・方針の基、個人を育成する
PDCA
個人目標
チーム目標
経営方針
経営・教育理念
自己成長
園の理念・方針の基、組織を育成すること
組織育成
子育て支援室
預りチーム
給食チーム
理念
方針ルール
目標計画
乳児保育チーム
事務チーム
PJ 採用チーム
PJ 広報チーム
幼児教育チーム
目指す園を実現

「情報をきちんと届けよう」

やまびこ幼稚園を見ていると「伝える力」の大切さがわかります。

園児減少と教員・保育者の採用難は、少子化などの園が不利になる社会の変化が影響していますが、園の「伝える力」が弱いことが原因になっている場合があります。「伝える力」が弱いと保護者からのクレームや要望が多くなる、採用した職員に園の方針と合わない働き方をされるなどの違う問題が発生することもあります。「伝える力」を強くする必要があります。

伝える力を強くするために、まず「誰に」伝えているのか?そして「何を」伝えているのか?最後に「どうやって」伝えているのか?を分けて考えてみましょう。「誰に」「何を」「どうやって」伝えているのかを間違えると成果は出ません。

やまびこ幼稚園の「どうやって」は、インターネット上の情報発信を重視してホームページ・SNSなどを積極的に使います（インスタ・ラインなど数種類を使う）。未就園児親子が園に来る機会を企画して、インターネット上とリアルで当企画を案内し、できるだけ多くの方が来園できるようにしています。

来園して園の雰囲気を感じてもらえるように環境を整え、園の魅力が伝わるように情報を整理してコミュニケーションを取りながら情報を提供しています。何かを伝える際は映像・スライド（パワーポイント）を用意して、プロジェクターでスクリーンやモニターに映して説明します（在園児の保護者も園の活動に関わる機会がよくあり、やまびこ幼稚園のことをよく理解してより好きになるので、地域に口コミが拡がります）。

リクルートでも学校に直接赴いて園のプレゼンをする、外部で開催される就職フェアに参加する、SUSUKIグループ内で就職フェアを開催するなど、積極的に情報発信をしています。伝えるための媒体・技術はほとんど使っていると思います。

「誰に」については、地域の子どもたちの教育と子育てを支えたいというメッセージ、教員・保育者・職員の理想の姿・職員に守ってほしいこと、保護者についても守ってほしいことをしっかり伝えることで「誰に」を明確にしています。

伝える力が強くなるために最も重要なのは「何を」になります。伝える内容です。伝える内容が間違っていると誰にどうやって伝えても相手からの反応が返ってきません。園はまず教育・保育について、伝える内容をしっかり整理する必要があります。

やまびこ幼稚園は自園の教育を表す「根っこ教育」という言葉を軸に、どのような子ども（大人）に育ってほしいのか、そのためにどのような環境があり、どのようなことをやるのか、どのような職員がどう関わるのか、そして園で生まれる実際の子どもの成長を伝えています（リクルートでも教育への共感を持って就職してもらうために、この教育・保育に関して「何を」伝えるかが大事です）。

自園の教育内容・子どもの成長・根っこ教育をやる理由、そして子育てを支える様々な体制や料金のことを、わかりやすくスライドやパンフレットに整理をして伝えています（在園児の保護者に渡す「Ｙａｍａｂｉｋｏ ｌｅｔｔｅｒ」もわかりやすいです）。

※教育・保育を伝える際に気を付ける必要があるのは、相手が理解できない言葉・文章にならないことです。内容を複雑にしてはいけません。わかりやすい言葉で表現しましょう。一度に大量の情報を渡してはいけません。受け止められません。何度も何度も関わるようにして、１回につきひ

とつずつ丁寧に説明して渡すことがポイントです。

〈教育・保育に関する説明内容について〉

★説明内容

「10月に運動会をやります」などの誰でもわかる事実だけではなく、「運動会はなぜやるのか？練習も本番も含めて運動会を通して何が育つのか？自園の運動会についてのこだわり（他との違い）」など、説明を受けないとわからない実施する狙い・成果・こだわり（違い）を整理して伝えます。

(1)から(8)の内容をこの順番で伝えると相手も理解しやすくなるでしょう（方針・教育目標などを短い文章や単語・形容詞だけで表現している場合は、少し解説する文章を加えるとよいでしょう）。

(1)卒園するときに目指している子どもの成長の姿（教育目標）
(2)教育・保育方針（どのように園児と関わるのか？）
(3)教育・保育環境のこだわり（他との違い）
(4)特徴的な教育内容（ここにあなたの園独特のものがあるはず）
(5)教員・保育者について（プロであることを表現＝人柄・専門性・成長意欲）
(6)園児を守り育てる体制について（専門分野ごとにチーム、そして連携）

(7)学年（年齢）別の子どもの成長　＝基本的な発達をベースに整理する
(8)学園の理念（役割・使命・存在理由）＝子どもたちの今と未来の幸せ
※「自園はこういう園だ」というストーリーを描く

〈運営内容（募集要項）の説明で付け加えるとよい内容〉
※保護者が理解していると園は思うが、実は理解されていない内容
○1号満3歳の保育料無償化
○預り保育の体制と内容について（満3歳園児の預り保育も実施しているなら、そのこともしっかり伝えてください。）
○0～2歳の体制＝3号定員、一時預かり、子育て広場、未就園児教室など
○支援が必要な子の受入体制
○入園するタイミング・園と関わる方法を一覧で示したもの（子どもの年齢・家庭環境などさまざまな需要に応じて入園・関わる方法が選択できることを説明するもの）
※やまびこ幼稚園含むSUSUKIグループのホームページには、子どもの年齢・居住地区・ご両親の就業状況などを打ち込むと、グループ内のどの園がよいか検索できるページがあります。

園に入園するタイミング・関わる方法を一覧で示したものの例

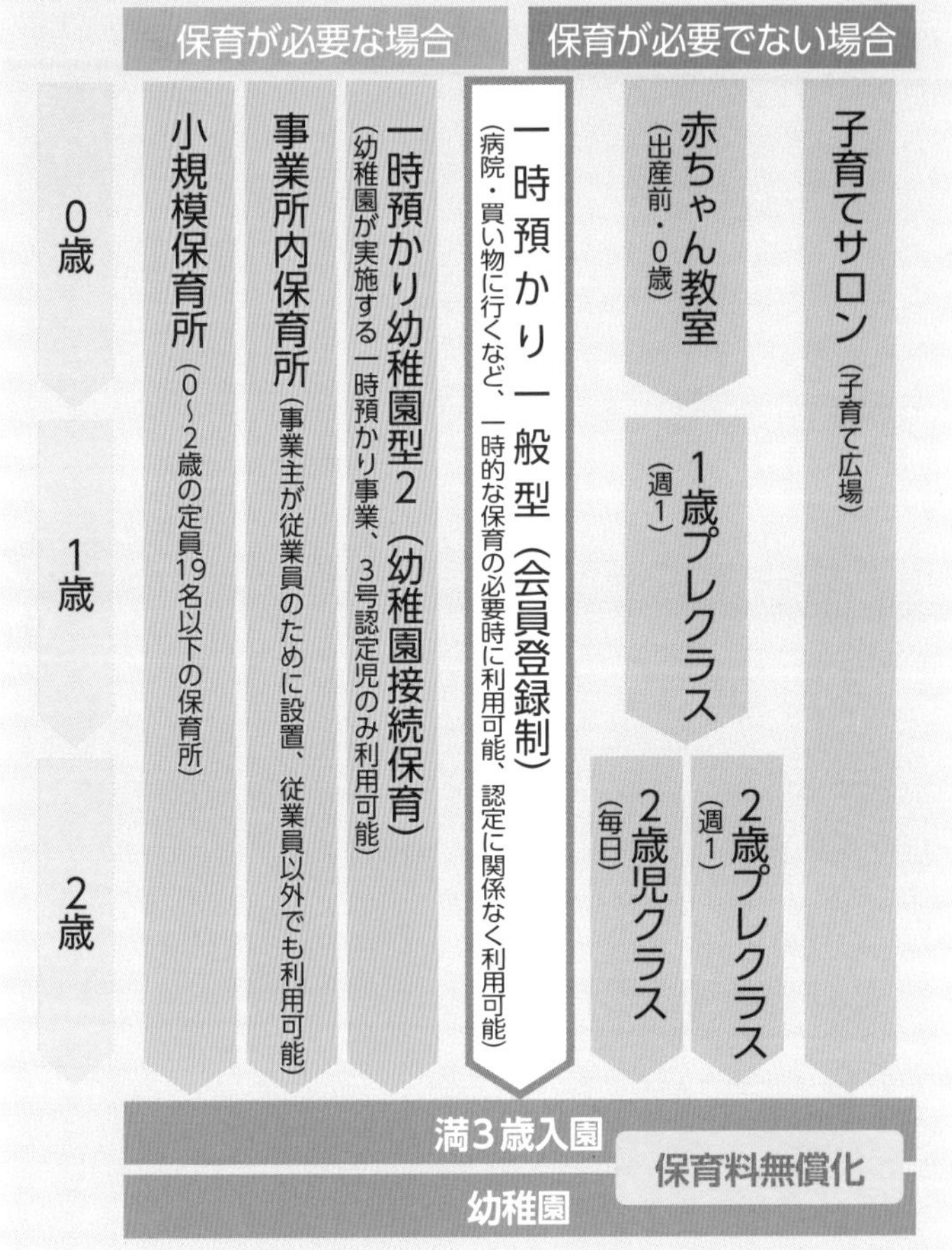

園児募集の基本は、様々な媒体を使って地域に子育て支援・未就園児活動や入園相談・見学・資料請求などの「園と関わる方法」を発信（広報）し、反応した人をリスト化します（リスト化＝名簿にすること）。リスト化した人に継続して情報を提供し、何度も園と関わるリピーターになってもらい園のファンに育てていきます（この園は我が家には合わないと判断して相手が去る場合もあります。入園後のミスマッチが少なくなるので良いことです。きちんと情報を提供して、園と合うかどうかを判断して頂くことが大事です）。

広報→リスト化→継続コミュニケーション→リピーター化→ファン化→入園という道を歩いてもらうことではじめて「ここで我が子を共に育てたい」という思いを持って入園してくれます。園に協力的な同志的つながりとなるのです。数も目標に到達します（リクルートも全く同じです）。

できるだけ確実にきちんと情報を提供し、コミュニケーションを継続して、園と保護者（リクルートなら園と職員）の相互理解を深めて、思いを持って入園・就職してもらいましょう。情報発信・コミュニケーションのあり方は、すべてオープンで素直に伝えるというスタンスが大事です。

「園の最高の魅力で幸せを創造する園経営」

保育園含む全国の各園で園児が減少しています。特に幼稚園は大きく減少しています。少子化はまだまだ進むので、園児はもっと減少します。日本全体の労働人口減少は園の教員・保育者の採用にも影響します。共働き世帯が増え、両親の労働時間も長くなっていきます。社会は大きく変化していきます。まだまだ自園を変化させる必要があるようです。

しかし変えてはいけないものもあります。

幼稚園経営の中で変えてはいけないものは何か?それは教育です。認定こども園になっても、別施設で認可保育所を開設したとしても、学校法人であるなら私学の教育機関であることを変えてはいけません。

「人は人との関わりの中でしか成長することができない」（佐々木正美先生の言葉）職員が園児と関わるから、園児は園生活を通して成長することができます。教育とは人間が人間に人間を教えることです。「人間を教える」とは幸せな生き方を教えることです。人間を教える役割がある職員は、自分自身も幸せになる生き方を学び、実践して幸せになる必要があります。

園児を育てるのと同じように、専門的な知識・技術とともに幸せな生き方を教えて職員を育成します。その基本は長所伸展です。園児の安全・安心を守るために、苦手でもできるようにならないといけない限界ラインはあります。限界ラインに到達していないものは、できるようになるまで教えます。

しかし、それ以外の部分については得意なこと、できること、優れていること、好きなこと、やってみたいと思うことなどを長所として、その長所を伸ばす職員育成をするのがベストです。職員を育てるのと同じように、園経営でも長所伸展という考え方が基本です。

それでは「園の伸ばすべき長所である最高の魅力とは何でしょうか？」

「子どもの成長」です。「子どもの成長」が園の最高の魅力です。園には様々な魅力がありますが、その中で最高の魅力は「子どもの成長」なのです。

やまびこ幼稚園のこだわり経営について書いてきました。やまびこ幼稚園はとにかく根っこ教育です。子どもたちの将来に花が咲き大きな実を成らせるように、幼児期に大きなしっかりとした土台（根っこ）を育てる強い意志があります。人間の土台づくり（子どもの成長）にこだわっています。

根っこ教育は何か特別なことをするわけではありません。好奇心、協調性、あいさつ、人の話を聞く力、人に伝える力、人にやさしくすることなど、幸せな人生を送るために必要な当たり前のことを身に付けるために、とにかく継続して当り前以上に取り組むことを教えています。

根っこ教育による子どもたちの成長を職員が見つけて保護者に伝えています。特に「心の成長」です。親は心の成長になかなか気づくことができません。最高の魅力である子どもたちの心の成長を、たくさん見つけて保護者に伝えていきましょう。

我が子の成長を知った保護者は「しっかり育っているなあ。これなら幸せな人生を自分で歩くことができる」という希望と喜びを抱くことができます。家族が幸せになっていくのです。

「人は喜ばれるために生まれ、生きている」

園の中で、子どもが保育で支えられ、教育で成長しています。その成長を知って家族が幸せになります。家族の幸せは「子どもの成長のために生きる」職員の幸せとなり、より自分を高めていこうという志になります。これが教育機関であり学校です。変えてはいけないところです。ぶれずに子どもの成長のために働く組織を実現し、多くの家族の幸せ・喜びを創造していきましょう。

未来永劫、かっこいい大人の姿を見ることができる、喜びと幸せが溢れて地域に広がって行く園であり続けましょう！

第6章　やまびこ幼稚園の最高の魅力である先生たちへ

夢がかなった先生たちへ！～celebration！～

「先生になりたい」そう願ったのはいつですか？
どうして先生になりたいと思ったのですか？
ぜひ、その思いを忘れないでください。

あなたが先生になったとして、そこには何が見えますか？
子どもたちの笑顔がたくさん見えますか？

恐らくあなたは、その笑顔のために毎日励んでいくのだと思います。

幼稚園の先生は、先生になるって決めないとなれない職業です。
幼稚園の先生は全員、夢がかなった人たちです。
先生になれた今この瞬間の気持ちを忘れずに、失敗を恐れず、
先輩先生の教えをたくさん受けて、ステキな先生になってください。

ステキな先生と出会い、子どもたちは成長します。
我が子の成長を見て、家族が幸せになります。
あなたの仕事は『人を幸せにする仕事』です。
人を幸せにできるってすごいことです。

あなたの人生は、先生になったことで大きく変わります。
たくさんの子どもたちに喜ばれ、保護者・家族に喜ばれ、多くの人を幸せにします。
あなたは、この世界に必要とされて今この場にいます。

ステキな仕事に出会ったのです。

「子どもたちのために」

そんな熱い志を持ち続けてほしいと思います。

全国の新人先生向けの研修会で、私が最後に伝えているメッセージです。

皆さんは、「仕事とは何でしょう?」と聞かれたら何と答えますか?

仕事とは自分の命を輝かせるものだと私は考えています。つまり、仕事は生きることそのものであり、人生の中に仕事があるのではなく、仕事の中に人生があると思っています。だから人に喜ばれ、人の役に立ち、人が幸せになる、そんな仕事をしたいと思っています。あなたはどうでしょうか?

「人には必ず役割がある。早く役割に出会いなさい。

役割に出会うと人生が変わります」

船井総合研究所を創設した船井幸雄先生の言葉として教えてもらいました。この言葉を聞いたのは私が33歳のときで、自分の役割など考えたこともなく、「役割って何？私に役割なんてないでしょう。人生が変わるって何？私はもう人生歩いているのだから変わりようがない」などと考えていました。

しかし、今はこの言葉は真理であると思っています。

20年前に、我が家の子どもたちが通う幼稚園の先生を見て、ふと思いました。「人を幸せにする仕事っていうのは、こういう仕事のことではないかな？」と。

そして、この世界で自分の力を発揮できるようになれたら、自分も人を幸せにする仕事ができるようになるのではないかと思ったのです。当時、違う分野のコンサルティングをしていましたが、お客さまに契約を解約してもらい、幼稚園の世界に飛び込みました。

私が役割に出会った瞬間です。

それから20年。お客さまは園（幼稚園・認定こども園・保育園）ばかりで、園関係の仕事しかしていません。先生の仕事が充実し、先生であることに幸せを感じ、子どもたちが育ち、その成長の姿で家族が幸せになり、幸せが広がって行く……そんな園づくりを支援できるコンサルタントを目指しています。

私は役割に出会い、人生が変わったのです。

人は喜ばれるために生まれ、幸せになるために生きています（この言葉が大好きです）。「役割に出会うと人生が変わるよ」とは、「役割に出会うと、生きる喜びが生まれて幸せになれる」と理解しています。やまびこ幼稚園にも役割があります。

【やまびこ幼稚園の役割】
地域の子育てと教育を支えて、子どもたちの生きる力を育てることやまびこ幼稚園は、生命の大切さ、友だちと繋がること、挨拶をはじめとする礼儀を子どもたちに教え、感じる力・がんばる力・生きる力を心に育てています。成長した子どもたちが卒園していくことで、家族の幸せがたくさん地域に広がり、よりよい社会づくりに貢献しています。

やまびこ幼稚園の先生を見ると、役割に出会い、役割を果たすことに全力を注いでいると感じます。園の方針を心に叩き込み、チームで仕事をし、相手の立場に立って人と関わることを欠かさず、自分の知識・経験を積極的に他の先生と共有して支え合い、常に問題意識を持って、必要なときには自分を変えることに躊躇しません。

やまびこ幼稚園の役割に共感した先生が、全力で子どもたちと向き合っています。そして「我が子に幸せになってほしい」という保護者のシンプルな願いに応えています。

「私はこのような先生ではない」と思う先生もいるかもしれません。

しかし、このような先生を目指してほしいと思います。やまびこ幼稚園で働くことで、必ずこのような先生になることができますし、このような先生になれば、あなたと出会った子どもたちは大きく成長し、たくさんの家族が幸せになります。その子どもの成長と家族の幸せは、あなた自身も幸せにするでしょう（役割と出会い、人生が変わるのです）。

我が家（著者：石田）は、幼稚園の先生との出会いで本当に心が救われました。幼稚園に入る前の乳児を育てるお母さんは本当にたいへんです。子育てが辛いと思いながら日々を過ごしている人も少なくありません。

きっと我が家と同じように、やまびこ幼稚園の先生と出会うことで心が救われ、入園して園生活を送ることで子育てが楽しくなり、幸せを感じるようになった家族がたくさんいると思います。そして、これからもたくさんの家族の幸せが生まれていくでしょう。

その幸せが生まれるのは、やまびこ幼稚園が存在し、そこで働く先生たちがいるからです。大切な役割を先生は担っています。ぜひプロとしての幼稚園教諭を目指し続けてください（この仕事は奥が深いです）。

そして、これから入園する子どもたちの家族と現在通っている園児の家族に、先生の仕事と役割、そして幼児教育について伝えてください。特に、一人ひとりの子どもの成長を発見し、その成長を保護者にたくさん伝えてください。子どもの成長（特に心の成長）について、親はなかなか気づけません。教えてもらった保護者はとても喜ぶでしょう。

また、責任があることから逃げないでください。先生とは大切な役割を担う仕事なので、何かトラブルにぶつかることもあると思います。そのときは逃げずに向き合ってほしいと思います。

困難からは逃げない。困難は必要・必然に訪れるもので、あなたが次のステージへいく、あなたの成長の機会です。本気で向き合えば、必ずトラブル・困難を乗り越えることができます。乗り越えたとき、あなたはプロとしての教員・保育者に大きく近づくことになります。

先生として子どもたち一人ひとりと向き合い認めて、その子の良いところ・成長をたくさん見つけて褒めましょう。いけないことをしたときはしっかり叱ってやればよいと思いますし、不安を感じているときは大丈夫だよと抱きしめてあげてください。その子の心に困難を乗り越え、将来の幸せを支える「根拠のない自信」が育ちます。

教育者として、人が生きていく上で大事なことを子どもたちにしっかり教えてください。先生との関わりは、子どもたちが幸せな人生を歩いていく大きな力になるはずです。

「教育とは、人間が人間に人間を教えることだ」

人間を教えるとは、人生の幸せな歩き方を教えることです。子どもたちを幸せにする役割を持つ先生は、幸せになる生き方を学んで実践していなければ教えられないはずです。人生を学び、幸せな生き方を実践して、子どもたちに伝えください。

幼児教育ですから、言葉で知識として教えるというより、先生たちの立ち居振る舞いで教えていくのでしょう。子どもたちは先生の背中を見て育っています。

先生との関わりを通して、子どもたちが生き方を学んでいることを忘れないようにお願いします。止に根っこ教育です。根っこ教育を極めて、これからも多くの子どもたちに生きる力を与え、たくさんの家族を幸せにしてください。

子どもたちが、かっこよく生きる大人と出会える やまびこ幼稚園であり続けてください。大人への憧れは、将来の子どもたちの生きる指針になりますから。

これからも子どもたちをよろしくお願いします。

「雄大な自然の中で、心の教育を」

幼児期は、生涯にわたる人間形成の基礎を培う時期であり、特に心の教育が最も大切です。
個々の成長を考慮し、決して焦ってはなりません。
このことを常に念頭において、日々の教育・保育を行っています。

やまびこ幼稚園 職員一同

〈あとがき〉

「子どもたちが、将来大きな花を咲かせられるように、人間力の土台を育てたい」

やまびこ幼稚園では、幼少期の子どもにとって最も大切な教育とは何かを、常に考えながら保育を行っています。

たくさんの情報が溢れる時代の中で、幼稚園そして子どもたちに求められるものも多くなってきました。算数・絵画・英語・運動など、今の園にはさまざまな教育カリキュラムがあり、少し過度になっている気さえします。

確かにどれも、子どもたちが学びを増やし、成長していくためには必要なことかもしれません。しかし私たちは、その前にしなければならないことがあると考えています。

それは、この自然の真ん中にある恵まれた環境の中で、自然に触れて生命の大切さを知ること、元気に外を走り回り友だちと繋がり合うこと、挨拶をはじめとする礼儀を身に付けること、たくさんの体験活動を通して感じる力・がんばる力・生きる力を育むことこそが、今の幼児期にすべき人間力の土台をつくる教育です。

子どもたちが、将来自分で考え、自らの力で壁を越え、夢を掴んで美しい花を咲かせ、大きな実を成らせる。そのために大地に力強く張る根っこのような心を育てる必要があります。

根は土の中にあり、どのくらい太く、そして長く育っているのか目に見えません。だからと言って、焦ったり不安になったりせずに笑顔で見守りながら、ゆっくり時間をかけて育てていくことが大切だと考えています。

通わせるには不便な土地にありながら、大切な我が子を入園させてくれた保護者の皆さまには感謝しかありません。また、やまびこ幼稚園の教育に思いを持ち、溢れる情熱で子どもたちと関わってくれる先生たちにも感謝しかありません。

保護者や先生たちが笑顔で接すると、子どもたちも笑顔で返してくれます。熱意を持って伝えると真剣に取り組んでくれます。地に張った根っこが力強いほど、美しい花と大きな実が成ります。山に向かって叫んだ声が大きいほど、返ってくるやまびこが大きいように、今かけた愛情が大きいほど、子どもたちは元気に大きく育ってくれます。

これからも、この自然の真ん中にあるやまびこ幼稚園で、子どもたちの人間力の土台となる根っこを、保護者の皆さまと先生たち、そして地域の皆さまの力も借りながら、育てていきたいと思います。

やまびこ幼稚園園長　薄　秀治

私の視点ですが、やまびこ幼稚園を紹介しながら幼稚園の私学経営を伝える本を書くことができました。完成までの道のりは長く、壁もたくさんありましたが、何とか書き続けることができたのは、やまびこ幼稚園の薄園長先生、辻久美子先生と職員のみなさまが一緒に取り組んでくれたからです。共に仕事ができてとても楽しかったです。ありがとうございます。

株式会社リンドウアソシエイツの中島社長と堀本様、社員の皆様。急な依頼にも関わらず、ステキな表紙を描いてくれました。ありがとうございます。お願いして本当によかったです。

また、執筆・校正のアドバイス、当書籍を制作していただきましたルアナパブリッシング株式会社エディトリアルディレクターの鈴木謙二様、デザイナーの八島順様。さまざまなご迷惑をお二人にはお掛けしましたが、より良い本にするために我々を全力で支えていただきました。お二人の存在でこの本は始まり完成することができました。本当にありがとうございます。

園業界を取り囲む環境の変化が激しく、尚且つ変化のスピードが速い…この激動を乗り越えるためのノウハウ・スタンスがやまびこ幼稚園にはたくさんありました。この本が、今最も苦しい立場に置かれているであろう全国の私立幼稚園の支えに少しでもなればうれしいです。

やまびこ幼稚園の薄園長先生と話をして気付かされるのが、園の理念（役割と思い）の力です。理念を実現するために当たり前の事を当たり前以上にやる事、継続こそが成長の源であることを教えてくれました。理念を念頭に置きながら、できるようになるまで徹底して継続すること、その未来には園と職員の大きな成長があるという事がよくわかりました。やまびこ幼稚園と出会えてよかった。また、やまびこ幼稚園を紹介する本を書く機会が与えられた事に感謝です。ありがとうございました。

Eリソースセンター株式会社
学園経営コンサルタント　石田敦志

〈参考文献〉

『お客がお客を連れてくる！「顧客満足経営」の極意』佐藤芳直著（同文館出版）
『図解　即時業績向上法』船井幸雄著（ビジネス社）
『子どもへのまなざし』佐々木正美著（福音館）
『こうすれば組織は変えられる！―「学習する組織」をつくる10ステップ・トレーニング』ピーター クライン（著）、バーナード サンダース（著）、今泉 敦子（翻訳）（フォレスト出版）
『60分間・企業ダントツ化プロジェクト 顧客感情をベースにした戦略構築法』神田昌典著（ダイヤモンド社）
『小さいけれどみんなが好きになる　モテる会社』川上徹也著（あさ出版）
『令和3年版厚生労働白書―新型コロナウイルス感染症と社会保障―』厚生労働省
『令和2年版厚生労働白書―令和時代の社会保障と働き方を考える―』厚生労働省
『令和3年度版男女共同参画白書』内閣府男女共同参画局
『保育を取り巻く状況について』厚生労働省子ども家庭局保育課
『なぜ食べてくれないの？―プロから教わる保育術』鳥居徹也（著）南部愛子（監修）（春陽堂書店）
『教師修業十年　プロ教師への道』向山洋一著（明治図書）
『ＩＦＡキッズ（Ｕ―6）ハンドブック』公益財団法人日本サッカー協会発行

著者紹介

■やまびこ幼稚園

平成15年設立。認可定員380名。園長　薄秀治
学校法人すすき学園が福岡県古賀市に設立した私立幼稚園。雄大な自然の中で、子ども達の心が育つ幼児教育を提供する。「楽しくなければ幼稚園じゃない！」をコンセプトに、たくさんの遊びと学びから、子ども達の未来の幸せを創造するコミュニケーション能力を育む。子ども達とそのご家族に幸せになってほしいという思いを持って、職員一丸となって園運営をしている。

〈園長 薄 秀治〉

出身地 福岡県。出身大学 東海大学。趣味 テニス、旅行
地域の子育てと教育を支えて、子ども達の未来に大きな実が成り花が咲く、大地にしっかり張った根っこのような人間力の土台を育てる教育者であり経営者。座右の銘「初心忘れるべからず」「継続は力なり」

■石田敦志

Eリソースセンター株式会社 代表取締役。幼稚園・認定こども園・保育園専門の経営コンサルタント
三つ子が通った幼稚園の先生方の素晴らしさに感銘を受けて、幼稚園の世界にコンサルタントとして飛び込む。以来20年間、「ファンが集まる学園づくり」をテーマに、全国120法人250の園を直接支援している。著書に『幼稚園・保育園の先生のための　仕事がもっと好きになる50の方法』

FANがつくる やまびこ幼稚園
山の麓の幼稚園が教えてくれる、ファンが集まる「こだわり経営」

2023年3月30日　第一刷発行

著者　やまびこ幼稚園 & 石田敦志
文・構成　石田敦志（Eリソースセンター株式会社）
デザイン　八島　順（hachi-brains）
カバーデザイン　堀本順子（リンドウアソシエイツ）

発行人　鈴木謙二

発行・発売　ルアナパブリッシング株式会社
〒103-0013 東京都中央区日本橋人形町3丁目4番地2号
佐藤商事ビル2階
TEL 03-6810-9155
FAX 03-6810-9156
URL https://luanapublishing.jp
MAIL info@luanapublishing.jp
印刷・製本　シナノ書籍印刷株式会社

ISBN　978-4-910669-02-1